親子二代 予想屋

「競輪」七十年史

松垣 透

彩流社

人間一生誠に纔《わずか》の事なり。すいた事をして暮すべきなり。（「葉隠聞書第二」）

目次

第一章　競輪予想屋稼業

1　日々之《ひびこれ》競輪

競輪は昭和二三(一九四八)年十一月二十日に、九州の小倉(現・北九州市)で産声《うぶごえ》をあげて、その歴史はすでに七十年以上を経過した。今でも、どこかに昭和という、かつての時代の匂いを消すことなくずっと引き摺《ず》りながら、競輪は消えることなく、脈々と続いている。その初期の戦後の日本の復興のための資金集めとしての目的は十分に達した。それでも競輪が今に生き続けていることには確たる理由がある。

競輪の魅力は、ギャンブルとしての魅力そのものという大前提にあることは当然だが、その黎明期には、娯楽としても楽しまれ、今では想像もできないくらい多くのお客さんが競輪場に押し寄せた。人が自転車を使って、肉体の極限の力で走るということも大きな魅力だ。誰もが日々の生活において子供のころからとても身近な自転車だけに、その存在はさらに近しいものとなっている。今ではすっかり年の暮れの風物詩となったＫＥＩＲＩＮグランプリには競輪場に大勢のお客さんが押し寄せる。そのときの場内の混雑ぶりに、かつての華やかな競輪の賑やかさをわずかに感じることができる。七十年という時代とともに、競輪も大きく変わってきた。そしてそこには競輪が庶民のものというずっと変らなかった部分も色濃く残っている。

その競輪場の風景として、予想屋さんは欠かせない存在だ。その呼び名も、一部では、いつの頃からか予想屋さんからコンサルタントと呼び方が変わった。とはいっても、そのやり方、仕事の内容はまったく変わってはいない。レースの予想を売って、当たればお客さんからご祝儀を貰う。かつて競輪場がとても賑やかだった時代は、場内に予想屋さんの姿も多かったが、今ではどこの競輪場でもほとんど見かけることはなくなっている。

その頃の賑やかな競輪場の風景を見るには、その時代の映画を見るとよく分かる。スクリーンにその賑やかだった時代の競輪場が登場する。そうした映画でも珍しい競輪を扱ったもののひとつに、映画『競輪上人行上記』がある。作家、寺内大吉の原作を今村昌平と大西信行が脚色、西村昭五郎が監督し、小沢昭一が主演した。

教師をしていたが、寺を再建するために、貯めていた再建費用を競輪で使い果たし、父親の死で、坊主になることを決意し、競輪で本堂再建資金を作り、その後、予想屋として競輪場で、お客さんを相手に予想を売っている姿が……。

映画は主演した小沢昭一が予想屋に扮して最後に競輪場のお客さんに長広舌を振るうシーンで終わる。

「馬鹿者どもが。一体どうして、大事な金をドブに捨てるんだ。今、お前らの失くした金があれば、カアちゃんに新しいパンティ買ってやれるんだぞ。子供にバットもミットもグローブも買ってやれるんだ。ろくに調べもしないで、大事な金をつまらんサイコロの目に賭けて失くすバカがあるか。一日、汗水たらして働いて、やっとこ五百円取れるか取れないかのお前たちが、どきどき震えながら千だ、二千だと車券を買って、それで儲かると思ってんのか。『はい、ありがと』。お前たち、何も悪いことしてるんじゃないんだぞ。いいか、高い税金取られた上にまだ足りなくて、百円券一枚について二十五円も役場に寄付してる。道路作らせたり、学校建てさせたりしている功労者じゃないか。もっと大きな面をしろ。胸を張って威張るんだ。そうすりゃ心も落ち着いて、目も見えてくるから損をしない。お前たち素人には、何ものにも捉われず心を空しゅうして予想を立てるということは難しいよな。だから、お前たちの代わりに俺の立てた予想どおりに買ってこい。千や二千は必ず儲けさせてやる。『はい、ありがと』。いいか、余計なものを買うなよ。俺のいうとおり一本で買え。本当に救われようと思ったら、あれこれ構わず迷わず念仏一筋に生きろ。俺たちの宗祖さま法然さんも、選択本願(念仏)集のなかでいっておられる。あらゆる雑行を捨てて、念仏という正行一本に生きるんだ。どうせ俺たちは、煩悩というものが体の中にこびりついている。断ち切ろうと思っても断ち切れるものじゃない。だから、汚い体のまま、汚れた体のまま、阿弥陀さまにおすがりしろ。俺も、この俺も坊主の身でありながら、お前たちと同じようにギャンブルの世界に飛び込んできた。その俺が、お前たちに教えるものはこれだ。いいか。車券は外れることを怖がっちゃいけない！　取れる時は一本で取れ。わかったか、あれこれ迷うな。救われることを望んじゃいけない」

かつて、競輪について、勤めていた新聞の文化面の連載で「競輪は文化だ」という記事を書いたとき、小沢昭一さんに、競輪についてのインタビューをした。そのときに、この映画『競輪上人行上記』のことを訊いた。すると、小沢さんは、あまり覚えていないから、インタビューのために大急ぎで当時の映画の資料を読んできたという答えだった。数多くの映画に出ているので、そのひとつひとつはあまり記憶にないのかもしれない。

小沢さん自身は、競馬が好きで、毎週土曜日曜は場外馬券売り場に通っているという話をした。それにしても、映画での小沢さんのその喋りにしても、競輪の予想屋さんの役はぴったりのはまり役だった。役者だから当然ではあるが、まるで本物の予想屋さんがそこにはいた。

話を戻す。競輪場に予想屋さんの数が少なくなったのには、理由がある。予想屋さんが減った一番の理由は競輪場に来るお客さんが少なくなったからだ。さらには、ネットをはじめとして、お客さんもレースの情報を得る手段が多くなり、予想屋さんに頼ることがなくなった。予想屋さんは予想を一枚百円でコツコツ売る商売だ。お客さんが多ければ、それだけで売れるので商売にもなるが、お客さんが少ないと、そうはいかない。だから予想屋さんというその存在も、貴重なものとなっている。かつて十人以上の予想屋さんの姿を見ることがあった平塚競輪場でも、今ではわずかに七人ほどの姿を見かけるだけだ。

そのなかのひとり、青木利光は、年配の予想屋さんが多いなかで、今では六十二歳だが、まだまだその世界では若手のひとりだ。神奈川県内の競輪場には、予想屋さんで組織されている組合には所属している十二人ほどの予想屋さんがいることになっているが、常に競輪場に姿を見せる予想屋さんはさらに限られている。これまでに廃業した人も多い。それだけやっていくのが大変な商売だ。若ければ次の仕事に転職することもできるが、歳を取ると、なかなかそうもいかない。どんな仕事でもそうだ。

青木は神奈川県で予想屋さんになり、現在は、平塚競輪場、小田原競輪場を中心に活動している。神奈川県内には、東から川崎競輪場、平塚競輪場、小田原競輪場の三つがある。かつては、花月園競輪場もあった。神奈川県の競輪予想組合に所属しているコンサルタントは、神奈川県内の競輪場なら、基本的には、どこで商売を行ってもいいことになっている。今では、平塚競輪場に七人、川崎競輪場に三人のコンサルタントの姿を見るだけになっている。

「組合は、今は十人。正確にいうと十二人いるのかなあ。忘年会もない。昔は七十人いたんだ。川崎（競輪場）、花月園（競輪場）は常に四十人はいた。平塚（競輪場）、小田原（競輪場）にもね。神奈川県は常に四十人はいた。俺の同期も五人いた。忘年会には来ていたけど、個人営業だから。俺が入るまで十年、新人は入っていない。俺が入ったときには、裏表だった」

青木が裏表というのは、予想屋さんの数が多くて、場内での場所がないことから、一台の予想台の表と裏で予想をしていたことをいう。それだけ予想屋さんが多かった。

「昔は、(車券を売っている)穴場に札がぶら下がっていて、そこで車券を買った。予想屋さんも、本命の近くの予想屋さんは良い場所だった。端のほうの当時の枠の❻❺や枠の❻❻といった場所は、大変だった。売れていると、窓口が増えてくるんだ。良い場所っていうのは、実力がないと取れなかった。場所は何番って、番号が振ってあって、決まっていた。今は、穴場っていわない。窓口。若い人に穴場っていうと『えっ』ていう。そうした言葉も変ってきている。競輪の言葉もそう。おじいちゃんたちは『ハコ三』っていっても分からない。昔と変わんない、先行とかは分かるよ。そのころ、カマしというのはなかった。東京の石橋とかいう選手とか、五〇期代かなあ、ジャンが鳴って、ゼロ発進して、ぶっちぎる」と、何かを説明しようとすると、次から次といろいろな競輪の知識が溢れ出るように出てくるのが青木だった。

予想屋さんは神奈川県コンサルタント組合に所属していなければ、競輪場内での予想の仕事はできない。組合のライセンスを取るためには、予想屋さんの師匠に付いて、約二年間修業する。予想屋さんになるためにはそこからのスタートだ。予想屋さんの修業というのは、師匠である先輩予想屋さんに付いて、すべてのノウハウを学ぶ。ただ、修業したという言葉だけでは駄目だ。年に一度の総会で他の予想屋さんにも認められないといけない。場内での様子はみんなが見ている。さらに予想屋さんのライセンスは二年に一回の更新だった。その後五年更新となった。県が競輪、競馬を管轄している。誰もが予想屋さんになりたいからといって、簡単になれるものではない。

ライセンスの取得番号は、青木は六十四号となっている。青木利光の父親の満も予想屋だった。満の取得番号は二号だった。その番号で分かるように、満はもっとも競輪初期のころの予想屋さんだった。

「小田原(競輪場)のときなんか(予想屋さんが)一人というときもあるからな」と、青木は笑う。

かつて青木は「もしも、日本に競輪場が函館競輪場の一場だけになったとしても、函館競輪場のそばに行って、予想屋さんをやるから」と、笑って話していた。青木は、「迷わずに函館に行って、予想屋をやる」といっていたが、このところ会うとそうはいわなくなった。

かつて、「函館に行ってもやる」という、その気持ちは、笑いにはしていたが、青木の本心だった。話をしていてそれだけ、競輪が好きだということでもあると思っていた。それに、若かったころはどこに行っても稼げるという自信が青木にはあった。その自信は今でも青木にはある。それでも最近、青木は、そうはいわなくなった。

「今はスマホの時代で、ネットや電話投票の時代だから。そうなったときには、自宅でやるか。昔だったら、(車券を買うためには)競輪場に行くしかなかった。だから、今はもうこのままですよ。これだけ便利な電話投票の機械があるから。昔は違った。今ではタブレットもあるし、こんなに便利になるとは思っていなかった」

この頃では、青木はそういうようになった。時代とともに、予想屋さんも変る。

その日の朝、青木はＪＲ東海道線藤沢駅改札口にいつものように午前七時すぎに姿を見せた。神奈川県藤沢市内の自宅のそばからバスに乗って、藤沢駅に着き、いつも七時十三分の小田原行電車に乗る。青木の家から藤沢駅までのバス停は十箇所ある。だから、道路の混雑具合と信号で少しだけ時間が違ってくる。競輪の開催がある日、場外発売のある日は、平塚競輪場のある平塚駅で降りて、競輪場まで歩くのがいつもの日課だ。途中のコンビニで、競輪予想紙とスポーツ新聞、それにコーヒーを買う。この行動は毎日、変わることなく、同じだ。この数十年、青木が予想屋さんになって変わることはない。こうした行動も変わっていないが、青木の体重もずっと同じようだ。青木は毎日の行動を頑《かたく》なに変えない。そのことで変わらない自身の競輪予想も継続しているようだ。毎日の行動パターンを変えないことで常に自分の精神状態も保っていて、青木は知らず知らずのうちに自分でも気付かないうちに、自分を律しているのかもしれない。勝負事にはそうした一定のリズムを保つことが昔から大切だといわれる。

平塚駅から歩いて、青木は午前八時前には、平塚競輪場に着く。入口の警備員に声をかけた。青木は、こうした習慣を頑なに変えない。それがきょう一日の予想にすべてがかかわるかのようだ。まるでそれを変えることで、何かが狂ってくるのを心配しているかのようだ。

平塚競輪場は、メインスタンドが建て直されて、綺麗なスタンドになった。かつて青木は、入口からすぐの広場にいた。以前は、吹きさらしの広場に予想台を置いて、そこに立って予想をしていた。夏暑く、冬は風が吹き抜けて寒かった。自然を直接、肌で感じられる場所だった。

「以前は霜焼《しもやけ》になったりした。今はもう天国だね」

そこにはコンサルタントという名前の予想屋さんが、その広場を取り囲むように、予想台の上に立って、自分の予想だけが当たっているかのように大声を張り上げていた。今では、そこには予想屋さんの姿はなく、みんな綺麗になったスタンドに入っている。それぞれの場所は抽選で決まった。青木は、二階にエスカレーターで上ったところの、ゴール前を見下ろす位置に、その予想台を置いている。

二階のバンク寄りの中央に青木の仕事の予想台がある。コンパクトにすべてがこの一台に収められている。これは以前からずっと使っているものだ。青木はここに着くとまず、濡れティッシュで予想台を綺麗に拭く。何度も何度も拭いた。ここは一日の大部分をすごす生活の場だ。

以前は「利《とし》ちゃん」の屋号の看板がそこにはあったような気がして、青木にそのことを尋ねると、「個人情報じゃない」と、笑わせた。そうしたことにはまったくこだわらない。青木は、屋号の看板があろうがなかろうが、青木の顔そのものがここでは、屋号であり看板そのものなのだ。近くの台の上に、予想紙を広げて、きょう一日のレースの予想を始めた。ただ、予想をするだけでなく、そこでの選手の並びから、過去のレースのことまで誰かに何かを訊かれたときにすぐに答えられるように、すべてを記憶していた。

「予想の仕方は変わらないよ」と、青木はいう。初めて青木と出会ったときのことをそういった。

予想紙に赤ペンでさっさっさと書き込みをしていく。まるでそのことを楽しんでいるように予想を行っている。

「独自の予想だから」と、青木はいう。何かしきりに線を引いて、そこに数字や文字を書き込んでいる。実の父でもある予想屋、青木満に教えられた通りの予想の基本だ。青木利光は、二代目の予想屋だ。

僧侶の世界では、酒のことをよく般若湯というという表現をするが、お寺では、そういう言い方ではなく、智水というのだと、ある人に聞いたことがある。実際には、般若というのも「智」という意味だとか。それを聞いたときに、言葉は、奥が深いと実感した。新聞記者もそうだが、言葉を使う商売にもいろいろとある。その言葉でも、お客を引きつけないといけないのが、予想屋さんの世界だ。その後、いろいろな場面でそのことを知ることになった。

利光は父親、満に「予想屋をやりたい」と頼みこむ。満は利光を自分の弟子にはせずに、利光の叔父にあたる青木政彦に弟子入りさせた。そこで修業をすることになる。

青木にとって予想屋は天職だ。青木は競輪が好きで、何よりも、競輪のレースを予想するのが好きだ。天職という言葉があるが、青木にとっては、予想屋がそれだ。そして、青木は自分で車券を買うわけではない。

青木には、競輪と一緒に生きてきたという想いが今でもある。

「イカサマにあっても、ナシに喰いつかれるな」

お金のないやつ、何も持っていないヤツが一番怖い、という。何も持っていないのだから、怖いものはない。そういう人間とは関わり合うな、父親の満がよくいっていた言葉だ。今でも、青木はその言葉をよく使う。父親が教えた重要なことのひとつだった。それをずっと守っている。

さらにもうひとつ、予想屋さんが揃《そろ》ってよくいうことがある。予想を逆さから読むと、「ウソよ」となる、ということ。昔から予想屋さんの間で、よくいわれている冗談のひとつだ。

「予想は成長しているんじゃない」と、青木はこれまでの自身を振り返る。とはいうものの、「予想の仕方は変わらない」ともいう。競輪予想の基本はいつの時も当てることだ。青木は毎日毎日三百六十五日、レースを見ている。だから、だれよりもレースを見ている。しかも、そこには生活がかかっている。「日々勉強」と、真面目な声で青木はいった。

「十打数一安打でいい」と、青木はいう。「一本引っかかってくれればいい」という。その配当が高いか低いかは、ファンが決めることだから、それは関係ない。万車券でなくて四桁配当でもいい。その金額が大きければ、予想を買った人からのご祝儀は多くなるが、それでも自身の予想は、その金額ありきではない。まずは、当てることが大事だ。そのことは青木の様子を見ているとよく分かる。

「穴は教えなくていい」と、青木はいう。

それでも、お客さんは、当然、大きな配当を取りたい。それは競輪場に来るお客さんは、だれもが同じだ。青木に対してお客さんはいう。

「展開で書いてくれよ」と。ただ空想で、当たらないような穴予想を書くなら、誰でもできる。青木の予想にはすべて根拠がある。レースを読んで、展開で予想して、そこで当てるのが競輪だ。誰が逃げて、誰が差すか。一着二着が当たらないと三連単の三着も当たらない。今の三連単は難しい。オッズの表示を見ていると、どこの競輪場でもだいたい、三連単の売り上げの一割くらいが二車単の売り上げだ。それくらい違ってきている。その数字を見ていると、やはり大金を当てたいという思いが競輪のお客さんに三連単車券を買わせているのが分る。

「これしかないという一本があるときがある」と青木はいう。そのときには、どうしても自分で車券を買いたくなる。それでも予想屋としては、車券に手を出してはいけない。お客さんに買わせるのが予想屋の仕事だ。自分で車券を買うことを青木は自身に禁じている。

「一回当てると次も買いたくなる」のが人情だ。それでも、買いたくなると、「買ったつもりになる」という。

それがなかなか難しい。基本の基本として、どうして予想屋さんがいるかということがある。昔から誰かに頼りたい、情報を得たい、教えを乞うということがあり、競輪の予想屋さんは存在する。それは競馬でも、ボートレースでも、オートレースでもそうだ。

予想屋という職業が存在するのは不思議だ。もしも予想が当たり、儲かるのなら、仕事にしたり、他人に教えることなく、自分で車券を買って儲ければ良い。そうしないのは、それが自分で買っていたら、儲からないからにほかならない。

「お客さんとは、あまり競輪の話はしない。（競輪の）情報はお客さんのほうが詳しい。常に見ている人が勝ち」というが、毎日見ているのは、青木も同じだ。そこでお客さんが必要とするのは、ほんの少しだけ自分の予想の背中を押してくれることだ。時代とともにお客さんも変わってきている。「死んでいるからね」と、青木はいう。青木の周辺にいるお客さんもかなり代替わりしている。「死ぬ」という言葉には二つの意味があり、実際に寿命で亡くなった人とお金がなくなって車券を買うことができなくなったことを指す場合もある。その二通りだ。「お客さんは二年周期かな」と、青木はいう。

かつては、驚く金額で車券を買っていた人たちがいた。競輪が好きなのか、お金を溝《どぶ》に捨てるのが好きなのか。どこからお金が湧《わ》いてくるのか。一万円札を簡単に機械のなかに投入しては車券を買い続ける。お金の単位が違っている。当然、当たった時の札束の厚さも違っている。

競輪場にはいろいろなお客さんがいる。

「必ず一点で買うおじいさんがいる」という。確かに、当たり車券は基本的には、同着がなければ一点だ。その人は「無駄券は買わない」というのだ。何点買っても当たらないときには、当たらない。それが競輪だ。

2　借りた褌《ふんどし》は洗って返す

私自身は予想屋さんと話していて、いつも思い出す言葉がある。ひとの褌《ふんどし》で相撲を取る、という言葉だ。予想屋さんは基本、自分の予想を売るのが商売だが、そこから先は、予想屋さんの予想を信用したお客さんが車券を買う。予想が当たるか、当たらないかは分からないが、さらに、お客さんがその予想の車券を買うかどうかも分からない。

その先の「相撲を取っても良いが、せめてその褌を洗って返さないといけない」という言葉がさらに閃《ひらめ》いてしまう。

予想屋さんというと、このことをつい思い出して、くすっと笑ってしまう。

「今の競輪場は十万円持ってくる人はいることはいるが、昔のようにはいない」

青木利光は、「他人の懐で勝負する」と、よくいう。ひとの褌で相撲を取るのが予想屋さんの仕事だ。だから、競輪場にだれが財布にいくら持ってきているのか、それが分からないといけない。つまり客の顔は財布なのだ。だれがいくら使い、いくら儲かったかはすべてわかると青木はいう。

「全勝はしないけど、全敗はある」と、青木は笑う。予想がしばらく外れ続けると、「どこ見て書いてんだよ」と、お客さんにいわれる。すると「大打者でも、スランプはある」と、青木は必ずやり返す。当たらないときには、どうあがいても、もがいても予想は当たらない。予想が当たらないときには、悔しいのは自分が一番悔しい。当てるために、日々、競輪を見ているのだから。それでも予想が当たらない時には当たらない。

予想屋としての青木は予想を売ってはいるが、大きな儲けになるのは、予想が当たって、お客さんのご祝儀が懐に入るときだ。だから、予想が当たらないと青木の商売は始まらない。

「自分の波が来ているときには、教えた選手が来る。三番手から書いていても、その選手が来る」と、予想屋として、青木は選手の調子だけではなく、自分の調子も自分で見極めないといけない。「地元選手の三割増しは必ずある」と、自分に言い聞かせるように、何回も、青木はいった。青木の経験からのこうした言葉を競輪ファンはじっと聞いている。そして予想の参考にする。何よりも、競輪ファンはそうした言葉が大好きだ。

全国の競輪場で予想屋さんの数は、少なくなっている。まさに絶滅危惧種だ。予想屋さんの高齢化が進み、自然とその数が減少しただけではなく、職業としても大変だということもあるかもしれない。いくら勉強しても予想は当たらない。ライバルは少ないほうがいいのかというと、そうではないという。予想屋は多いほうがいいと青木はいう。

「いっぱいいたほうがいい。お祭りで屋台が一軒だけ出ているよりも、多いほうがいいだろ」と、青木はいう。祭りでも屋台がたくさん出ているほうが、賑やかでお客さんの気持ちもワクワクする。何を買おうかという気持ちにさせられる。選ぶことができるほうが良い。

「競輪が好きだから」と、青木はいつもいう。競輪の予想屋が自身の仕事ということだけでなく、何よりも競輪が好きなのだ。三度の飯よりも競輪が好きなのだ。だれよりも競輪が好きなのだ。だから常に話すことは競輪のことだけだ。競輪のことを話し始めるともう止まらない。「GⅠは予想が売れない。賞金が高いレースは予想は難しい」

それだから選手も必死だ。だから、何が起こるかはゴールするまで分からない。

「賞金が高いレースは、選手が本気なので、難しい」とその理由を青木はいう。競輪は人間が走るから面白い。まるでそのことを証明しているかのようだ。

「ここ（競輪場）に来るお客さんのどのくらいの顔が分りますか?」と、お客さんで溢《あふ》れる競輪場で青木に訊いたことがある。青木に会いに競輪場に行くと、いつもこちらの顔を遠くから見つけているのがその視線から分かる。

「三分の二だな。見ていると、大体分かるね。（スタンドの）二階じゃないと厭だという人もいるし、一階じゃないと厭だという人もいるし、車券を買わずに、ただうろうろしている人もいるし、お客さんは曜日によっても違う。やっぱり、決勝戦に来るのは、競輪が好きな人だな。金曜日は駄目だね」と、話していたときだ。お客さんに、突然選手の名前を言われ、「頭はある?」と、尋ねられた。

「頭は無理」と、いつもの大きな声で青木はいった。少し間を置いて、「みんなが転んでくれたら、あるよ」と、笑わせた。そのお客さんとの絶妙な会話の間《ま》は、やはり青木だった。

「競輪は、今は曜日も関係なく、毎日やっているから。昔は、土曜日の夜から日曜日が一番楽しみだった。浮き浮きしていた。コーラが六十円の時代に、二車単で、万シュウ当てるとするじゃない、特券が十万円になっちゃうんだよ。お客さんが嬉しいからさあ、ご祝儀をはずむ。毎週日曜日に来るお客さんでも二カ月くらいは大丈夫って。今の人は、選手じゃないんだ。第一にオッズ。何よりもオッズ。お金の価値が違うんだ。昔は配当が二百二十円ついたら、嬉しかった」と、しみじみと青木はいう。「百八十円でも良かった」

そういう時代だった。

競輪が三連単になってから、お客さんの視線もさらに配当に大きく傾いていった。今では、オッズ表示の売り上げの票数を見ていると、三連単は二車単の約十倍となっている。車券の中心はあくまでも三連単が中心だ。車券が当たらなくても、配当が良いのはやはり魅力なようだ。

3　競輪予想の流儀

青木利光はいつも、誰にでも、競輪を語るときには、「どうして日本の公営競技は一番が白か」ということから話を始める。競輪をはじめとして、公営競技では一番は白、二番は黒、三番は赤というようになっている。

青木に「弟子入りさせてくれ」と、私が冗談でいうと、「それに答えられたら、弟子入りさせてもいい」と、笑う。それぞれのユニフォームの色のことは、青木の父親の満が利光に教えた。青木がそのことを考えるようになったのも、そこからだった。それは競輪の歴史を教えるというよりも、何かを考えるということを本人に課したためのようだった。

《初めて小倉競輪場で競輪が行われたとき、最初は番号札だけで車番を判別していたが、それは分かりにくかったことから、その後、小倉市の職員がどうすれば良いかを考え、暦をヒントに、一白、

二黒……と考えたといわれている。それが枠の色の一白、二黒、三赤、四青、五黄、六緑だった。》

青木には、競輪予想の流儀がある。

「三連単は時間がかかるんだよ。二車単はそんなにかからないが」

三着が難しいという。そのレースが三分戦か、二分戦か、細切れ戦かというので違う。まずそこを考える。四分戦は買いづらいのだという。ラインの長さで、レースは当然、違ってくる。

三連単は悩んだら、徹底的に悩んで、時間がかかることになる。それだけ真剣だということでもある。予想が当たっていたら、時間はかからない。

「われわれは商売だから。当たろうが当たるまいが、商売だから。前発表したときに、お客さんは、近くに座っていて、この予想屋さんはどんなのを書いているか、わざわざ見に来る」と青木はいう。競輪ファンは不思議な人たちで、どんな小さな情報でも、本当か嘘か分からないようなことでも、知りたいのだ。

「何だよ、本命かよ」と、もしも、青木が本命予想を書いていたら、競輪ファンはすぐに思ってしまう。予想屋さんが、本命を書いていても、お客さんは予想を買いに来ない。的中本位だからというので、そうしてしまうと、全レース本命になってしまう。そうかといって、大穴のご祝儀が出るような穴も書かないといけない。それも何回も教えられない。だから、それは難しい。当たらないと、「この予想屋さんは当たらない」となってしまう。まさにそのバランスが難しい。それも自分の予想スタイルだからと青木はいう。

「(予想は)的中本位で出すけど、(競輪は)一番人気が来ることはほとんどない。商売だから。スランプもあるよね。野球の選手だって、打てないときには、打てない。われわれは、そのなかで頼ってくれる人がいるから。きょうは当たらなかった、すると次の日も当たらないと思っちゃうじゃない。そうすると二十連敗じゃない。お客さんは、それでも二十一発目に二万円当ててくれればといってくれるけど。それはねえ。配当は全国のファンが決めることだから。今はオッズを見て買っている人が多いんだよ。そういう人がほとんど。展開予想するんじゃなくて、選手でもなくって、配当を見て買っている。当たらなくても、自分のペースでいくだけ。全然、平気」

そう青木はいう。

「何でも当たったもの勝ち」と、青木はいう。

競輪選手は勝つこと、予想屋さんは予想が当たること、その結果がすべての世界でもある。思った通りのレース展開になり、自分の予想が当たったときの快感は何ものにも代え難い。それは、お客さんも予想屋さんも同じだ。

「毎日、カネを持って帰ることができる保証はない」と、青木はいう。毎日のことだから、良いときもあれば、悪いときもあり、波がある。青木自身の常連のお客さんが来ないときもある。たまま小田原で朝の早いレースで万車券の配当を当てた。しかし、そのときには、誰も常連さんが来ていなかった。高配当を当てても、お客さんがいないことには、青木の儲けにはならない。それはまさに時の運だ。そのことは青木自身が一番良く分かっている。予想屋さんはお客さんあっての商売であることに変わりはない。

「相変わらず、文句をいうのが多い」と、青木は笑わせる。

青木は「(競輪は)スターはいらない」という。どんな選手が走っていても、競輪が好きなお客さんは、お金を賭ける。そこで一流選手が走っていても、違いはないというのが、青木の言い分だ。だから、競輪ではスター選手は必要ない、常に誰かが走っていることが大切なのだという。

かつて青木が、「賭け事が好きな人は、虫が二匹這《は》っていても、どちらが早いか、それに賭ける」と、話していたことを思い出した。そうだろうかと思っていた。

競輪にはスターは必要ないというのが、青木の理屈であり、持論だ。それが正しいかどうかは分からない。それでもスターを見にお客さんは来る。競輪は「人間が走るから面白い」というのはいつの時代も変わらない。

今の時代、本場で走っているレースにお金を賭けるよりも、他の競輪場でのレースの場外発売のケースのほうが多い。かつては月に六日間ほどしか、競輪場で競輪を見ることがなかったものが、今では常にどこでも場外発売をしているから、いつでも車券を買うことができる。早朝から夜中までレースを走っている。しかも、同じような選手が走るから、魅力にも感じず、ありがたく思わなくても当然だ。だから、競輪場でもバンクでの走りよりもモニターのなかのレースを見ているほうが多い。なかには、「どこで走っているの」と、青木に尋ねる人がいる。その質問に、青木は「テレビで走っているんだよ」と、答えることにしている。どこで選手が走っていても、青木には関係ない。

「いろんな人がいるんだよ」と、青木はいう。

競輪も、かつては本場でのみ楽しむものだったが、いつの間にかブラウン管やモニターの向こうで走っているものになった。ビールもその地方や国で味わうその国のビールが美味しい。それはその空気や水が一番合っているからだ。ビールに合う食べ物もそうだ。競輪も本来は、そうしたものだったはずだ。時代とともに、変ってきた。かつて、競輪の情報が手に入りにくかった昔のことだ。地元の新聞には競輪の情報が載っていて、誰が出場しているのか、競走結果はどうだったのか、それを知るために、競輪好きは上野駅に夜行列車が着いたときに、そうした記事の載っている新聞を拾いに行き、競輪の情報を得ていたという噺を読んだことがあり、とても印象に残った。今では簡単にネットで詳しい情報を瞬時に手に入れることができる。レースの映像も過去に遡《さかのぼ》って簡単に何度も見ることができる。情報の世の中になっている。競輪場で、オッズの出ているモニターを見ながら、さらに、自身のスマホも同時に睨《にら》めっこしながら、車券の予想をしている人もいる。スポーツ新聞を穴があくほど見ている人もいる。

「今の時代、競輪場では、掏摸《すり》、コーチ屋、ダフ屋は商売にならないだろう」と、青木はいう。それだけ競輪場に昔のようにはお客さんがいない。

「昔は、昼休みに近所の町工場の人たちが車券を買いに来ていた。今はそういう人たちが来ない。お客さんが百八十度変わった」と、青木がいう。

もうひとつ、今の競輪場には年配の人が多いという。「見ていると杖《つえ》をついている人が多いじゃない」と。そういわれてみるとそうだ。土日になると若い人の姿も多く見かけるが、平日はどうしても年配の人の姿しか見当たらない。新しい競輪ファンをどうすれば開拓できるかだ。実際に、四十年間、競輪場で、お客さんたちをじっと見ている青木はその身体を競輪の歴史のなかに置いているので、移ろいゆく競輪場の風景も見続けている。

あるとき、お客さんが青木に「いつ休むのよ」と、訊いたことがある。いつ見ても青木が競輪場にいるからだった。

「休まない」と、青木はその質問にそっけなく答えた。

「稼《かせ》ぐなあ」と、お客さんが青木に笑って返す。稼ぎたいという気持ちがあるのは当然だが、それよりも何よりも、青木は競輪が好きなのだ。そして、毎日競輪場に通うのは、青木の一番の健康法かもしれない。

「中野(浩一)さん、滝澤(正光)さん、井上(茂徳)さん……。昭和の終わりから平成にかけてが一番楽しかった」と、青木はいう。その頃、競輪場が賑《にぎ》わっていて、当然、予想屋として、青木の稼ぎも良かったからだ。

「生まれ変わっても予想屋さんをやりますか?」と、青木に訊いたことがある。

「もう一回、生まれ変わっても、予想屋かなぁ。もう一回生まれ変わっても、この商売をやりたい。他にもいい仕事はあるだろうが、これが一番」と、青木はいい、とはいうものの「見た目よりも大変だよ。楽じゃない」と付け加えた。

「天職」という言葉がある。辞書の説明では、「天から授かった職業」となる。青木にとっては、予想屋が天職で、その他の仕事は考えられない。何よりもそれだけ競輪が好きだからだ。青木から競輪を取ったら、何も残らないかもしれない。それだけ、青木のなかでは競輪という存在が大きい。青木は若い頃、スナックをやったり、予想屋とはまったく違う職業に就いていた。話していると、そうした職業はすべて青木が予想屋になるための助走に過ぎなかったと思える。競輪場での青木を見ていると、他の職業はもう考えられない。だから天職というのだろう。

予想屋さんは予想が当たってナンボの世界だ。予想が当たらなければ、たいした収入にはならない。かつてのように予想が飛ぶように売れる時代ではない。青木を見ていると、いつも余裕で、予想屋さんも簡単そうな気軽な良い商売に見える。青木の天性のものもあるが、日頃の努力もけっして怠ることはない。レースを見て、常に記憶している。

「車券を買うよりも面白い」とはいうが、「やれるもんなら、俺の代わりに台に乗っかってやってみろ。いつでも貸すから」と、青木はお客さんにいう。青木のそばで、お客さんが今終ったばかりのレースについて、少しでも能書きでも言おうものなら、青木の大きな声がすぐさま飛ぶ。

「タラとレバは、魚屋と肉屋で売っているぞ」

ライバルとなるコンサルタントと呼ばれる予想屋さんも多い方がいいと青木はいう。

「お祭りでも、屋台がいっぱいあったほうが賑やかでいいだろう」と、青木はいう。「今のお客さんは、予想を買わなくても、百円玉を置いて、『このレース誰が逃げるの？』と訊きにくるよ。『差すか、差されるか』『付いていけるか』とかね。ワンポイントアドバイスが欲しいんだよね。昔とはそこが変わった。そうしたお客さんが三、四人いるよね」

今、百円で予想を買うお客さんだけではない。そのことにも、細かく青木は対応する。それでもいい。これまでのお客さんとは少し違う。だから、予想屋からコンサルタントと名前を変えたということなのかもしれない。予想屋さんの存在も少し変わってきている。青木の姿を見ていると、これまでと変わったところとそうではないところがあるのがよく分かる。

言葉の使い方も変わったと、青木はいう。

「『秒殺《びょうさつ》』を入れるんだ」という。どういう意味か問うと、「秒殺でぶっちぎれる」という言葉の使い方をするという。そうしたところは香具師《やし》の世界が残っているようにも思う。

「（競輪）予想紙は五百円から五百五十円になったけど、予想代は百円のまま」

これほど長い間、値段が変らないものがあるだろうか。世間では、よく卵のことを物価の優等生と、その値段が上がらないことをいうが、それ以上に長い期間、予想代金は百円から上がっていない。しかも、その百円という値段は、それで車券も買える値段なのだ。いつもそのことを不思議に思っていた。当たるか当たらないか分からない予想を買って、それを信じて車券を買う。当たったら今度は、そのことでご祝儀を渡す。本当に不思議な世界だ。

「良いお客さんがついているかどうか」で、予想屋さんとして生き残ることができるかだと青木はいう。

「競輪は毎日あるから、良い客が付いているかどうか。ご祝儀も出なくなったよ」と、このときには、少し寂しそうに青木はいった。かつては、驚くほどご祝儀が飛び、予想台にお札の花が咲いたかのように貼った。特に青木の川崎競輪場や花月園競輪場の予想台には、ご祝儀の大輪が咲いた。それを見て、またお客さんが青木の予想を買いに来た。

「良いときに育った」と、青木はいう。「昭和の終わりから平成にかけて、バブルのころが、一番楽しかった」

それは一流選手の活躍もあり、いいお客さんも付いていた。いい時代だった。ウマが合わないお客さんもいる。まずは向こうの意見を聞く。まるでお客さんのことを予想するかのようだ。

「競輪の競走と同じだよね。人の意見も聞くもんだなってね」

これまで全国で多くの予想屋さんを見てきた。競輪を始めたころは、予想屋さんの数もお客さんの数も多かった。気がついたら、その数は激減していた。予想屋さんも絶滅危惧種に指定されてもおかしくないくらいの数になっていた。お客さんの数の減少だけでなく、競輪も変わり、予想屋さんも変わり、時代も変った。しかし、そこでは何事にも原因があるように、廃業した予想屋さんには、それぞれの理由があった。

青木は実際に自分で車券を買っていないから長く続くということもよく分かっている。「商売としてやっているから、成り立つ」というのだ。自分で予想しても、不安は残る。それが人間心理だ。絶対というものはどこにもない。

「二十連敗していても、二日目にも三日目にも予想を買いに来る。俺が客だったら、買わない」と青木はいう。人間だから、予想に波があるのは当然だ。それでも、連敗しているときには、朝、お客さんに「悪いね」というだけだ。お客さんもそのことはよく分かっている。それでも予想屋さんに頼る。不思議な世界だ。

ＪＫＡのＨＰ（ホームページ）で、予想屋さんになるにはどうすればいいかという問いが書かれていて、そこには、はっきりとした答えはなく、「よくいかれる競輪場の予想屋さんに訊いたら」という答えになっている。つまりは、だれもはっきりとしたことを答えられないということだ。

この答えを読むとそれぞれで違うということだ。

予想屋さんには定年はない。いつまでも自分が続けたいと思う限りは商売を続けられる。いつまでも身体と精神が続く限りは、予想屋さんを続けられる。ただ、職場である競輪場がなくなると仕事もなくなってしまう。相手まかせの仕事でもある。

「この商売、定年がないから。台に立てなくて、みんな廃業していく」と、青木はいう。自身はどうか。「台にのぼれなくなったら、それが辞めるとき」と、青木はいう。「競輪場が一場になっても、どこにでも行く。好きだからやれる。好きだからやる」と、言い続けていた。競輪がないときには、ただブラブラしている。他にやることはない。すべてが競輪を中心に回っている生活だからだ。

どうして、青木はそれほどまでに競輪が好きなのか。

「思った通りの予想が当たったときの快感がいいんだろうね」と青木はいう。配当が百円でも二百円でも当たると嬉しい。それは基本だ。「競輪が好きなんだろうね、ストレスがないから」と、青木は、笑った。

4　子どもはどうしても親に似る

私の父は数学の教師だった。この歳になって、朝鏡を見ていて、誰かに似ていると思うことがある。父だ。父は、私が新聞記者になったときには、直接はいわなかったが、どうも厭だったようだ。新聞記者というのは人の厭がることを聞いてまわり、あら探しをするような仕事だと思っていたようだ。何よりも人から嫌われる仕事だと思っていたようだ。別に近くに新聞記者がいたわけではない。新聞記者をただそうしたイメージで思っていただけだろう。

確かに仕事で人が厭がるようなことを聞いてまわることもある。何かを隠そうとすることを暴かなければいけないこともある。人の死を平気な顔で原稿にしなければいけないときもある。本当は心で泣いていても。

子どもを育てる教育者とは違うのは確かだ。それでも、いろいろなところで、似ていると自分でも思うことがある。

新聞記者になって、競輪場に通うようになって、どの競輪場でも、お客さんの最前線にいるのが予想屋さんといわれるコンサルタントの人たちだった。彼らは、競輪場のお客さんの最前線にいる。競輪を毎日見ている人が一番詳しい。しかも、お客さんに一番接している。だから、何か話を聞くのは、この人たちだろうと思っていた。取材をお願いすると、そこで紹介されたのが、まだ当時、若手のばりばりだった青木利光だった。

初めて私と会ったときのことを青木は良く覚えていた。花月園競輪場で取材したときのことだ。もうこちらは忘れてしまっていたことを細かく思いだして話してくれた。

「前の本(『予想屋』)は(内容が)自慢話になっている。(競輪の予想屋さんは)そんなに簡単なものじゃないよ」

青木は、かつて私が書いた『予想屋』について、そういった。この本は、平成一六(二〇〇四)年十一月に出版した。競輪のことをどうしても書きたかった。これまでに二十冊以上の本を書いてきたが、本を作るときに、ゲラで何回も自分の文章を読むことから、本ができあがったときには、もう覚えてしまうくらいで、再び読むことはない。何よりも、次の本を書くために、その本のことは忘れてしまう。今回、競輪七十年の歴史をつらつらと考えて珍しく資料として『予想屋』を読み返していたとき、自分の書いた「あとがき」に、こうあった。「予想屋さんを語ることは、競輪の歴史を知ることだった」と。そこに全てが語られていた。もうすっかり忘れていたが、そのときに思ったことは正しかった。親子二代の予想屋さんを書くことで、競輪七十年の歴史を書くことができると。それがこの本につながった。

青木利光の父、青木満が平塚競輪場に来たときは、必ず少し離れた場所から、息子の利光の商売の様子をじっと見ていた。利光も、父親の満が来たことを知ってはいても、父親に話しかけることはなかった。そうはいっても、親子は互いを強く意識していた。満はいつも肩から、おしゃれな青色のバッグをさげていた。その頃は、もう完全に、予想屋の現役を退いていたが、競輪のことを話し始めると、止まらなかった。予想でも、まだ誰にも負けないと、いつも強気に私に語っていた。

利光はよく「(親父の)予想を聞いて、その車券を買わなかったら、大変なことになる」と、笑って話していた。今の青木の我《が》をさらに強くしたような存在だった。その頃、利光は父親、満のことを、「あの仙人」といっていた。その通りで、どこか超人だったことを認めていた。利光の予想屋としての師匠ではなかったが、予想の基本は、父親の満から学んだものだった。利光は当時、父親の満のことをあまり語ろうとしなかった。それだけ満を意識していたのかもしれない。

「親父(青木満)が予想屋をやっていたころは昭和三十年ごろで、俺は見てないから、話を聞いているだけだから。だから、話が、これくらいの(小さい)話が、これくらい大きくなっている」

それでも、本当にあった話だ。満の創作ではない。それが伝説になっている。それだけ大きな存在だった。青木満はあるとき、花月園での賑やかな人の集まりを見て、前のおじさんの後ろについていった。まだ満が競輪をまったく知らなかった頃のことだ。もしもそこでその人についていっていなかったら、青木の今の予想屋さんの商売はやっていないということになる。

青木利光の祖父は、青木政七郎といい、横浜の鶴見で青木産業という建設業の大きな会社を経営していた。ノンプロの野球チームを持つほどに景気が良かった時期もあった。満によると相撲のタニマチをやったり、曹洞宗の大総本山総持寺では総代を務めたりといった人物だったという。「昭和の小原庄助さん」といわれた。つまり遊び人だった。その紹介記事が、夕刊紙「内外タイムス」に出たことがある。大物だった。もともとは、愛媛県の出身で、小学校卒業後に韓国に渡り、その後、横浜で沖仲仕をやって資金を貯め、それを元手に戦後、闇屋をやって、トタンなどを売って、創業資金として、青木産業を興した。時代とともに、大きく成長したが、横浜での博覧会を行ったが、不入りで、当時の金額で四千万円の負債を抱えて、倒産した。その後も日本全国を流れ歩いて、最後に辿り着いたのが、熱海だった。

「熱海に連れていってもらった思い出はあるなあ。遊び人というよりも、女性が好きだった。よくおばあちゃんがいっていた。鶴見で旅館をやっていたらしいんだよね。いまも同じ名前の旅館があるんだよね。おばあさんは、四国の網元の娘っていってたよ。それで駆け落ちしたって。最初は北海道に行ったたって。だから親父が生まれたのは北海道だよ。まだ十代で、トラックで荷物を運んでいた。鶴見にしばらくしてから行ったことがあるけど、食堂の親父さんが『おめえの親父が来ると、みんないやがるから、シャッター閉めちゃう』といわれた。そこはラーメン十杯食べると無料なんだって。そこでラーメンを十杯食べて、『悪いからカツ丼食ってきた』って、『もうそろそろ、みっちゃん帰ってくるから、シャッター閉めちゃおう』と。体は大きかったらしい。そういうふうに聞いたよ」

時代は戦後の不景気なころのことだ。仕事もなかった。父親のやっていた会社が倒産して、弟たちの面倒も見なければいけなかった青木満には、働くことしかなかった。満は、競輪というものを知り、最初は選手になろうと思った。選手の数も少なく、自転車さえあれば選手になれた時代でもあった。自転車の値段はというと、資料によると、昭和二四(一九四九)年では、七千三百四十五円となっている。競輪が始まったのは、昭和二三(一九四八)年十一月。その頃の物価はというと、銀行員の初任給は五百円で、小学校の先生の初任給は二千円だった。そのころの値段だ。競輪選手になるには、自転車を組立てて、競輪場での実技試験を受けるが、どちらかといえば、自転車を持っていれば合格という時代だった。選手の数も少なく、すぐに選手になれた時代だった。試験に合格して六百円を払えば、選手登録できた。

青木満はそこで考えた。競輪選手になって、レースを走って一着の賞金五千円を得るよりも、予想屋として稼ぐ道を選んだ。というのも、当時、一着賞金はそれくらいの額だったが、成績が悪いと、無賃といって、賞金は出なかった。

満によると、当時、川崎競輪場に予想屋は四人いた。そのなかのひとりに弟子入りした。ロイド眼鏡に髯の予想屋さんだった。そこで最初は助手として働き、日当は五百円だった。そして、独立した。最初から、満は才能があったのか、ご祝儀を貰うことができた。当時、予想代金は十円だった。予想でも、独自の予想を貫き、さらに、商売っ気も人よりも優れていた。満の予想屋としての屋号は「銀輪社」だったが、そうした屋号だけでは駄目で、少しでも目立つように、黄色に染め、胸には「ＡＯＫＩ」と描かれたシャツをみんなで着て、競輪場では誰よりも目立った一団だった。当時は今のように結果もすぐに発表される時代でもなく、ゴールした選手は誰か、配当はいくらか、それを場内放送よりもすぐに伝えられるようにして、お客さんにアピールした。そのやりかたも独特だった。青木満は配下の者たちを使って指の符丁の信号で、配当を伝えた。お客さんはいまでもそうだが、自分が当たらなくても、配当をすぐに知りたがる。早く知っても結果は変らないが、不思議な心理だ。

着ているものを黄色にしたのにも、満には意味があった。自分の運勢を読んで、黄色にした。予想と同じだった。運勢があまりにも強くても勝てないということも満は常に言い続けていた。満の予想は売れに売れた。予想は十円で、売った予想代の十円札をリンゴ箱に入れて、それが一杯になると、足で押して詰め込んだ。今度は炭俵に入れて、自転車に積んで、持って帰った。家では、家族揃って、今度は十円札の皺を伸ばして、数えて輪ゴムでとめて、まとまると銀行に持っていった。銭湯は、当時、昭和二三(一九四八)年で、湯銭が十円だったから、満の妻が藤沢駅前の銀行に持って行くと銀行の行員は銭湯の経営者だと思っていたという。

やはり、満には、競輪の予想屋は天職だった。利光はその血を確かに引いている。

利光の母親もまったく競輪に縁がないかというと、そうではない。母親の兄さんが熱海の左官屋さんで、とても景気が良かった。兄さんが実家を継ぎ、屋号は「山清」といい、小田原競輪の売り上げの三分の二を買うというほどの競輪好きでもあったという。やはりそこは血筋だったのか。

自転車ほど身近なものはないのに、その歴史は、誰もが知っているようでいて、まったく知らないことに気付く。自転車は誰が発明して、どう進化していったのか。自転車を発明したのは自転車の歴史では、かつてはフランスの貴族、ド・シブラック伯爵といわれていたが、その後、否定され、ドイツのドライス男爵を自転車の始祖だとしている。

日本に初めて自転車がお目見えしたのは、明治三(一八七〇)年だという。

木製の原始的な自転車だったものが出て、その後、ぱったりと消え、今度は十年ほどして、流行を始めた。当初は、絵を見ると今のペダルのないもので、自在車《じざいしゃ》と表示されている。自転車とあるものは、両手でギアのようなものを持っている三輪車のようなもので、どうも実用性のないものに見える。

初期のものは、遊戯用であり、一時の流行にすぎず、明治一〇(一八七七)年にはなくなった。

その後、実用として、明治一四(一八八一)年頃に、海外から入ってきた。西洋人が自転車に乗っているのを見て、明治のジャーナリストで、反骨の奇人として知られている宮武外骨は、若い頃、自転車が欲しくなり、三百円の金を貰って、東京、横浜を探したが、なく、神戸で一台、中古のものを見つけ、百九十二円で買ったという。それを持って、高松に帰り、市内を乗り回したが、笑いものになったということが書き残されている。その自転車は、ゴム付き三輪で、後ろに一・二メートルほどの大輪があった。

明治一九(一八八六)年には、馬車、人力車、自転車に乗ることで、便利にはなったが、運動不足になり、命を縮めることになるので、禁車会というのができたという新聞記事もあった。明治三〇年ころの新聞記事には、流行について書いたもののなかに、電話架設、雪駄などと一緒に自転車もある。そのころは、若い女性に、どんな人のところに嫁にいきたいかという問いに「将来、自転車と電話を持っているような人でなくちゃあ」という答えが多かったという。

明治三一(一八九八)年には、自転車練習場が出来、その年の十一月には、上野の不忍池畔において、自転車競技会が開かれた。それが自転車競技のはじめだという。明治四三(一九一〇)年一月には、三越呉服店で客の買い物を届けるために、三十五台の自転車ボーイ隊が誕生、その年の五月には五十台に増えた。明治の東京の写真を見ていると、明治の末には、自転車が映っているものがいくつか見られるようになる。

昭和二〇(一九四五)年の国内での自転車の年間生産台数は一万八千台だったが、昭和二三(一九四八)年には、九万九千台に増えた。しかし、こうした新車の自転車は一般に渡るのではなく、中央への配分が大部分だった。しかも、大半は闇値で取引され、古自転車でさえ、高値で売れた時代だった。昭和二〇(一九四五)年の自転車の代金は実用車が一台二百円。それが翌年には九百八十五円となる。

その昭和二〇年の物価の比較では、東京で米が十キロ六円という値段だった。都電の乗車賃は二十銭だった。ちなみに喫茶店でのコーヒー一杯の値段は五円だった。そうした時代に競輪が始まった。

競輪が始まった昭和二三(一九四八)年の第一回小倉開催では、百三十人の選手が参加を申し込んだ。当日、全員が来るかどうか、主催者は心配したが、全員が揃った。その後も、競輪場が急増したことから、選手もそれだけの人数が必要になり、当初は、選手登録申込書を提出するだけで、すぐに斡旋《あっせん》があった。実際に訓練も教育も受けてはいなかったものの、選手は、県別で師匠と弟子という形ができあがっていて、そのつながりで、訓練が行われていた。だから、基礎的な訓練はできていた。今でも、競輪選手は必ず、師匠が決められている。そこは落語の世界によく似ている。

昭和二三(一九四八)年当時の小倉は人口が約二十万人だった。それが四日間で、三萩野の競輪場に五万五千人が集った。今でこそ、小倉競輪場は四百メートルのドームバンクだが、当時は五百バンクだった。幅六メートルのコンクリート走路だった。

どうして小倉が競輪発祥の地になったか。戦後、昭和二一(一九四六)年に、国民体育大会(国体)が始まった。国体の開催は奈良県、石川県に続いて、二三年が福岡県で、競技の中心は福岡市だったが、そのときに、小倉市が自転車競技の担当となり、競技用のグランドが三萩野に作られた。この施設ができたことと、自転車競技法の施行がちょうど、タイミング良く重なり、競輪発祥の地となった。当時の小倉市の浜田市長は、国体終了後に、その施設をどう利用するかというので、競輪誘致を進めた。そして、競輪発祥の地となった。今では、競輪祭は、小倉で毎年十一月に行われる特別競輪だが、一時期、全国で競輪祭が行われていて、その名称の使用は、小倉に限ることが申しあわされて、今にいたる。

競輪の初めての開催は実際には四日間、行われた。初日の売り上げは、二百九十八万七千四百円だった。

そのときには、すでに競輪という名称だったが、その読みについては当時は「けいりん」ではなく「きょうりん」と、読んだ人のほうが多かった。あるとき、ある女性知事が表彰式での賞状を読み上げたときに「きょうりん」と読んで話題になったが、古い人には「きょうりん」のほうが馴染みがあり、一概にその読みも間違いとはいえないのだ。

「バンクを作るっていうのは、昔のお城を作るようなものなんだよ。固めてね」と、あるとき、青木利光が見て来たように話していたことがあった。当然、そんなことは世代的にも知らない。時代が違っていた。どこかで聞きかじったのだろう。

競輪を楽しんでいる人は、初期の競輪が始まったころのことは知らない。競輪が小倉で始まったことは知っていても、さらにどうして、競輪だったのかは知らない。

戦後、まだ復興も始まっていないときに、車券つき自転車競走を行うために、自転車競技法が立法された。すべてはまだ米軍の占領下にあり、GHQの許可のもとに行われた。昭和二二(一九四七)年に、矢沼伊三郎、倉茂貞助、海老沢清文の三人によって、国際スポーツ株式会社が設立された。そこで、すべてが計画された。そして、法案は提出され、衆議院、参議院と可決され、成立した。その際、法案提出には、政界との結びつきが必要なことから、政界との結びつきは努力するが、主催や運営の関係には政治的な色彩を加えない、とした。さらには、個人的な利権の追求は避けるとした。そうしたことは長く続けられ、競輪のひとつの美徳の歴史でもあった。

「たしか、五百円とかいっていたなあ、お金を払えば競輪選手になれたとか。体に異常がない場合にはね。良い例では、埼玉の黄金井光良《こがねいみつよし》さんだとか。最初は、氷屋さんだとか、自転車を持っていた人が、選手になっていた。それは昔の懐かしい話だから。誰が考えたんだろうね。競輪」と、競輪の予想を仕事にしている青木がしみじみといった。

《**黄金井光良**　埼玉県川口市出身。元競輪選手。競輪学校創設前の期前選手。六十六歳まで競輪選手を続けた。著書に『なぜ老兵は闘い続けるのか』がある。》

今、青木は自分がそれで喰っていることを思い出すようにいう。

「関西から競輪が駄目になった」と、青木は、見てきたようにいう。それは八百長問題があり、一気に駄目になった。

《**騒擾《そうじょう》事件**　始まったばかりの競輪だったが、すぐに、騒擾事件で悩まされることになる。しかも、騒擾事件が相次いで起きる。資料によると、そのうち昭和二五(一九五〇)年には五件の騒擾事件が起きている。最初の騒擾事件は、昭和二四(一九四九)年四月の住之江競輪場で起きた。本命選手がスタートしたのは、すでに他の選手が、第一コーナーを過ぎた頃だった。再発走もなく、終始スパートすることもなく、最後尾でゴールした。お客さんが騒ぐのも当然のレースだった。

そうしたことを解消するために、競輪学校ができた。学校は、最初は東京・調布にあった。その後、静岡の修善寺に移転した。今、かつての競輪学校は、日本競輪選手養成所と名前を変えた。それは一歩先に進んだのかもしれないが、昔から、競輪学校という名称で馴染んでいる者にとってみると、どこか別のもののように感じる。地元に住む人たちも、競輪学校という呼び方がしみ込んでいると話していた。確かに、その名称通り、競輪選手を要請する場所ではあるが、どこか違う。学校なのだ。》

《競輪場は、競輪が始まった昭和二三(一九四八)年には四場だったが、翌年には一気に二六場まで増え、さらに昭和二七(一九五二)年には六二場にまで増えた。その後、五〇場の時代がしばらく続いた。そして、平成二六(二〇一四)年からは四三場となっている。》

予想屋さんが、お客さんを集めることを「じんをたく」という。「陣を焚く」なのか「人を焚く」なのか。それは話術の巧拙が問われる部分でもある。青木満の予想は、九人の選手のうち、三人を決める。そこからさらに二点に絞る。「当たり車券は一点しかないんだから」ということをよくいった。堅いレースのときには、一点だけの予想ということもあった。ただし、レースが荒れて穴になると予想したときには、頭はこれだけど、広く流しておきなさい、という言葉を必ず付け加えた。お客さんによって、車券の好き嫌いがある。だから、お客さんの顔を見ながら、それぞれで違う予想を教えた。そうしたときには、当然、誰にどんな予想を教えたのか、覚えておかなければいけない。そうしないとご祝儀を貰い損ねてしまうからだ。

青木満は出目での予想についても独自に、研究をした。その日の運も当然ある。満の予想では、選手の運が六割、脚質が二割。そして、勘が二割。それに出目を加えての予想となる。どうしても抗えないものがあることを認めた上での予想だ。

競輪選手になるのに、当時、競輪学校を受験して入学しないといけないように、神奈川県で予想屋さんになるにも試験があった。そのことを面白そうに、満は話した。その頃、予想屋として、登録の免許証を出すために、試験を行うことになった。かつての試験について、満が思い出すようにいったことがある。試験問題は不思議な問題だった。洗濯物を干したときに、①日向②日陰③風のある日陰のうち、どこが一番早く洗濯物が乾くかという質問があった。競輪と洗濯物とどこが関係があるのか分らなかった、と満は笑った。

「もう、うちはおじさんひとりしかいないんだから。理事長だけで、あとはみんなもう他界しちゃったんだから。うちははったり商売で、啖呵《たんか》切って、売っていた時代の予想屋さんだから。新聞に出たんだよ。綺麗に写真に写っていてね。南関の予想屋さんでは、最長老の人は八十歳の人がいる。入口を入ってきてちょっとのところの人。うちはもう、俺が退いたら、跡継ぎはいないの。ライセンスを返せば、もう、はいそれまで。家賃、ないんだよ。施行者に協力だけしていればいいんだよ。今でも、ライセンスを取ろうとしたら、取れるよ。でも、喰っていけないでしょ。それだけでは」

そのことは、いつも青木利光がいう言葉だった。自分たちの立場は弱い。競輪には携わってはいるが、主催者ではない。また契約をしているわけでもない。言葉は悪いが、競輪に寄生している。

「大きいレースのときだけ、来たらどうですか」と私がいった。

「そんな甘い商売じゃない」と、青木はぴしゃり。「そんな、顔も分からないような予想屋さんに百円出すわけないじゃん」

商売の基本は昔から同じだ。世の中に「先々の時計になれや小商人《こあきうど》」という言葉があるように、常に決まった時間に、そこにいることも大切だ。だから青木のように休まずにいることも大切になる。予想屋さんは競輪選手以上に実力の世界だ。競輪のお客さんは面白い。どんなことでも、自分の情報を信じる。予想屋さんについても、自分の目で確かめてから、初めて予想屋さんの予想を買う。

「新人のコは働いてないと喰っていけないよ。アルバイトしないと。ネットで競輪の予想屋さんになりたいんだけど、どうしたらいいのか、というのを読んだことあるでしょ」

今の時代、ネットでいろいろなことが自由に発言できる。そこでは、自分の発言の場所を持つことができるだけでなく、自由に読むこともできる。それが責任ある発言かどうかはまた別の問題だ。なかには、青木を批判的に書いている落書きのようなものもある。

「何で予想屋さんの予想を買うのかとかさ、悪いことをいわれるということは、それだけ目立っているということ。みんな興味はあるということ」と、青木は何よりも前向きだ。ネットであっても何かを言われるということは、誰でも気になる。良いことをいわれていても、同じだ。悪口はさらに気になる。それを乗り越えるには、さらに強い精神が必要となる。

5　他の予想屋さんのこと予想新聞売り

私はどこの競輪場に行くときでも、競輪場まで、バスに乗るのが好きだ。競輪場に行くときには、どこでもそうだが、静かな闘志がバスのなかに充満しているのが分かる。一生懸命、予想紙とにらめっこをしている老人、財布の中のお金を丁寧《ていねい》に数えている老人、なぜかスポーツ新聞で競馬の予想を見ている老人、それを見ている私。静かなバスのなかのその雰囲気が好きだ。競輪場からの帰りのバスの車内はというと、ほとんどの人が最終レースを反省している。まるでそこは大反省会だ。「たら」と「れば」が車内を飛び交うことになる。

あるとき、競輪場に行くバスのなかで、何人かの仲間で話していた。当時、神山雄一郎（栃木）が強くて、その後ろが後閑信一（群馬・東京）の定位置だった。銀行に預けてもほとんど利息がつかないのに、ほんの一分か二分で銀行の利息以上のものがつく。こんないいものはない、と自慢そうに話していた。競輪ファンは、もしもそうして利益を得たとしても、それを再び車券で使い切ってしまう。そして、何よりも自分が負けたことはあまり話さない。

令和元（二〇一九）年の年末、平塚競輪場で、青木利光に有馬記念の馬券を見せながら、伊東温泉競輪場の車券を買いながら、さらに夜のボートのレースも前売りで買っていたものを示しながら「もう、本当に病気だなあ」と、しみじみと話していた老人がいた。それを見ていて、自分でいうのだから、間違いはない、と思った。よくギャンブル場でいわれるのは、あれもこれも手を出すと勝てるものも勝てない、ということだ。それでも賭け事が好きな人はいる。青木もよくいっている。「ときに、車券を買いたくなることもあるが、絶対に駄目だ」と、青木はいう。一度買うと、ずっと買ってしまうからだ。

「この前も、朝の二レースで六万いくらかを当てたが、お客さんが来てなくて、祝儀はなしだった。金曜日で、仕方ないけどね」と、このときには、少しだけ寂しそうだった。予想屋さんはいくら当てても、他人任せのところがある。仕方がないことだ。

「小幡（実）死んじゃったよ。一番、（競輪の予想）新聞売っていたじゃん。定年になって、やめてその後、亡くなったよ」

平塚競輪場に行く私の楽しみのひとつは、競輪場の前の広場で、予想紙を売っていた小幡実に会って、そこでしばらく世間話をしながら、小幡が競輪予想新聞を売っている様子を見ていることだった。

平塚競輪場の前には、予想紙を売る小さな小屋があり、そのひとつが小幡の担当だった。小幡は、駅からの送迎バスが目の前に着くと、バスを降りてくる人に対して、その人が何か興味がありそうなレースがあるのか、声をかけながら、競輪予想新聞を売っていた。

小幡は、お客さんの顔を見ると、走っていって、ひとこと二言言葉を交わす。そのお客さんが、小銭が必要なお客さんだったら、釣り銭は、それで渡したり、何か情報が必要なお客さんだったら、選手の調子を伝えることを忘れなかった。

その様子を見ているだけでも勉強になった。客商売は同じだが、予想屋さんとはまた違っていたが、小幡の商売のやり方はとても面白かった。小幡自身は予想紙を売っていたが、自分でもレースの予想をしていて、お客さんにサービスでそれを付けていた。それだけレースもきちんと見ていた。お客さんに対しての姿勢を教えられた。必ず、お客さんに対して一言、何かを付け加えた。今、何レースか、きょうは荒れているかどうか、次のレースまであと何分かなど、ほんの一言だったが、必ず声をかけた。

そうしたやり方で小幡は、誰よりも予想紙を売っていた。平塚競輪場の一番先頭に小幡の売り場があったから予想紙が売れていたわけではない。努力があったから売れていた。それは小幡をみていると分かった。

「もしも、小幡がガールズの一、二レースを本命で書いても、(ご祝儀を)貰えないじゃない。俺らは、貰える。そうした報酬があるかないか、そこの差だよ。喋りも違う」

「むしり取るからじゃないですか」と、少し意地悪く青木にいってみた。

「むしり取るって書くなよ」と、笑った。むしり取る、というと阿漕《あこぎ》に聞こえるが、実際には、お客さんは車券が当たると、嬉しくて、ご祝儀を出す。そういうお客さんが次から次に出てくるのは、青木の魅力でもある。

「昔みたいに、給料振り込みじゃなければ、職人さんは、給料袋から残業代の一、二万円を拝借して、これだけおかんに渡して、残りで競輪をやったから。今はもう、給料は銀行振り込みで、全部分かるから。早い話、昭和四〇年、どっぷりと競輪にのめり込んだ人たちが、初任給が、何万円の時代でしょ。それで、車券を取ったからと、倍になったからと、競輪にのめり込んでいった」

資料によると、東京で、昭和四〇(一九六五)年の大工さんの手間賃は一日二千円だった。その前の年が千八百円で、昭和四五(一九七〇)年には三千五百円となっているから、手間賃が急激にあがっていることが分かる。その手間賃を握りしめて、競輪場に通ってきた職人さんも多かったのだろう。

よく青木がいう。

「競輪選手を毎日見ている自分が一番、選手の調子は分かっている。競輪選手は常に、そしていつまでも調子が同じではない。毎日、それも真剣に見ているから、選手の状態がよく見えている」と。だから、予想屋さんなのだ。だから、青木利光は競輪予想のプロなのだ。

特に競輪を始めたばかりの人にとっては、誰かに頼りたいという気持ちもある。それはいつの時代も変らないものなのだろう。だから青木たち予想屋さんの仕事がずっと続いている。

第二章　競輪栄枯盛衰

1　競輪が難しいのではなく車券を当てるのが難しいのだ

競輪をやったことがない人にとって競輪は難しいもので、ラインが分らないとか、どうして最初からスピードを出して走らないのかといった素朴な疑問があるようだ。競輪は難しい、とっつきにくい、なかなか車券が当たらないとよくいわれる。しかし、それは違う。競輪は難しくはない。競輪が難しいのではなく、車券を当てるのが難しいのだ。そのために、みんな、日夜苦労をしている。競輪を勉強するためにお金をつぎ込んでいる。

実際には、一度競輪を覚えてしまうと、こんな面白いものはない、というようになる。競輪には、それだけ人間臭い魅力がある。最初にこれを考えた人はすごいと思う。自転車なんて誰でも乗れるもので、それに命を懸けて走るのだから。今は、そんなことはあまりないようだが、かつては初めて大学生になって、上京してきて、少し背伸びして競輪場に先輩に連れられて来て、車券を買ったり、職場の先輩に、競輪場に連れて来られて、初月給で車券を買ったりした。そうして競輪を覚えた。

「今でも、『テレビCMを見て来たけど、マークカードの書き方が分からない』とか、『どうやって買ったらいいいんですか』という人もいる」と、平塚競輪場の予想屋さんの青木利光はいう。

「競輪は、誰かに教わらないと、無理だな。昔は情報がないから。今のようなネットもなくてね。先輩たちに、『これおもしれえぞ』って、競輪場に連れて行かれて、それで、『これ買え』といわれて、車券を買うと、それがたまたま当るんだよ。それではまるんだよ。配当は関係ない。昔はオッズがでなかったから。昔、小倉競輪場にイベントで呼ばれたことがあったじゃない。そのときに、『あんちゃん、まだ、あるのかよ、川崎、花月は』ってお客さんに訊かれた。『あの時代はすごかったよなあ』という話になった。今はこんな、ぱらぱらだよ」と、競輪場のお客さんを見ながら、青木はいう。

よく言われていることが、まだ後楽園競輪場があったときには、大学生で、上京してきた地方の人たちが先輩に連れられて、後楽園競輪場で競輪を覚えたというもの。当時は、神田やお茶の水にも多くの大学があり、後楽園競輪はあいた時間に、ちょっと行って楽しめる場所だった。大学を卒業して、地方に戻って、そこでまた競輪を楽しんでいた。だから競輪が全国に広まった。それ以外にも、競輪場が全国にあり、そうしたことも競輪の人気だった。当時でも全国の競輪場の売り上げの一割は後楽園競輪場だった。

後楽園の東京ドームの人工芝のグラウンドの下には、競輪のバンクがあり、いつでも競輪が行えるようになっている。かつては年に一度は競輪イベントを行って、バンクを使っていた。車券売り場もいつでも車券が売れるようになっていた。時代がそれを許さずに、もう、日の目を見ることもないのだろう。

現在、競輪場は全国に四十三場ある。熊本競輪場は平成二八(二〇一六)年四月の熊本地震で被災して、休止している。再建についてはまだ判断がなされていない。かつてはこのほかに全国に二十場の競輪場があり、時代とともに廃止された。

競輪のことを知るためには、予想屋さんに訊くのが一番だ。それこそ、予想屋さんは、朝から晩まで、毎日毎日、競輪場にいるのだから、これほど競輪に詳しい人もない。それも商売でやっているのだから、これほど詳しい人たちもいないだろう。

競輪の初心者がやって来たとき、青木はどう教えるのか。

「競輪はこうやって周るんだよ、配当は良いほうが良い? いくら買うの? 百円ショップだと百円ショップの商売しかできない。三百円ショップなのか、高島屋なのか。それを訊く。『何でも良いです』というのなら、伸びしろがある」と、青木はそのお客さんが自分の商売になるかどうかを会話で判断している。

「昔、ある若い落語家さんがここに来て、いろいろと競輪を勉強していたよ。確か、水道代か電気代が払えずに、止められたことがあって、そんな車券の買い方じゃ駄目だというので、勉強していった。それで、当たって払ったことがあったなあ。電気代だったかなあ。グランプリは、俺のアドバイスで取ったんだよ。昔から、車券は少ない資金でも取れるんだ。百円ギャンブラーでも良いんだよ」

また、ある人が平塚競輪場の青木のところに来て、たまたまナイター開催で三連単❸❻❾が二回当たったたという大事件があった。適当な数字を買い続けるという買い方がある。青木は「彼女に好きな数字を聞きな」といった。車券を目で買う買い方で、何も考えないで、ずっと同じ目を買い続けるという買い方を彼に教えた。

「❸❻❾か❶❹❼の麻雀筋で買う買い方。百円ずつで、六百円を捨ててごらん」っていった。

「彼女が❸❻❾にしよう」っていった。その日はそれを通しで買った。それが超大穴となった。しかも、この日、その日の大穴が二レース当たった。

「勉強だから、買わないと駄目だよ」と、青木はいった。

「❸❻❾を買います」と買い続けた。

「配当は二十何万円と十何万円だった。一レース百円ずつ六百円で、五レースくらい買ったんだ。選手で買わない、目で買うという買い方だった」という。しかも、その日は落車があって、その車券がきた。そうしたこともある。まさにビギナーズラックであり、大事件だった。

競輪ファンは「誰が逃げるの?」と、青木に訊いてくる。強い先行選手に逃げられたら、まくれない。誰が逃げるか分かれば、競輪は予想が立てやすい。それが今の三分戦だから。お客さんは当てたいのは分かっているのだから。誰が逃げるかを青木は教える。

「今の若いコは、競輪専門紙は見てないなあ。一日の予想を俺から買って、『誰が逃げますか』と、レースごとに訊く。それと、オッズとにらめっこして、配当がつくところを買ってるね。彼らは日本中のどこの競輪場でもいいんだ。だからKEIRIN・JPに並びが出るじゃない。それをスマホで見ている。『この並びで合ってますか』と、俺のところに確認にくる。競輪場の車券師たちは『おにいちゃん、オッズで買ってるのかよ』という。彼らにしてみれば、百円玉が一万円になるのが一番いいんだが、そんなことはなかなかない。でも若いコはそれを狙っているんだろうなあ。今、お客さんで、競輪場に来ている六十代から七十代の人たちは、『親のいうことは絶対聞かないけど、競輪はカネがかかっているから、どうしても予想屋さんのいうことは聞いちゃうんだよなあ』という。『やっぱり、信じて買っちゃうんだよなあ。予想屋さんは、毎日、競輪を見ているから』という。こっちは、プロなんだから。何が違うのか。お客さんは、レースを見ているようでいて、実際には何も見ていない。そこが違う。自分が車券を買っていたら、その選手だけは見ているよ。だけど、見ているのは、そこだけだから。そして、一般の人は見たら、忘れる。俺は違う。見て、覚えている。ほとんど頭に入っている。そこが違う。俺は、車券を一切、買わない。だから、三百円の配当の車券を目の色を変えて、買う人の気がしれない。先行選手の後ろはついていけるかもしれないが、まくりになると、ちぎれる。そんな車券だよ。昔はギアが違っていたから、ちぎれない。今は違うからね。そういう人は、力と力の勝負の車券を買い切れない。昭和の時代から競輪をやっている人は車券が当ればいいい。それが、今の人は、配当が良くないと厭なんだ。その違いがある」

青木は、競輪を見ながら、人間を見ていた。

競輪場にとっても、かつて良い時代があった。

「昭和五八(一九八三)年にコンサルタントになったころはすごかったよ。中野浩一さんが来るからって、お客さん三万人が入った。中野見たさに集まった」と、青木はそのときの賑《にぎ》やかだった競輪場を思い出しているようにいう。

競輪場は面白い。

京王閣競輪場のお客さんの入場者がこれまでで一番多かった記録は、昭和四七(一九七二)年一月三日だ。どうしてその日に異常にお客さんが入ったのか。この日、中央競馬が馬のインフルエンザで東京競馬場の開催が中止になったことから、そのお客さんが、京王閣競輪場に流れてきた。七万二千六百五十七人だったといい、身動きもできないほどの人だったという。最高の入場者数の理由が馬のインフルエンザというのも、不思議なものだ。

競輪場のバンクの内側にお客さんを入れたこともあった。そのときのレースは今でも伝説になっている。川崎競輪場は、かつて、あまりのお客さんの多さに、バンクのなかにお客さんを入れた。レースの間、お客さんは静かに見ていた。昭和四〇(一九六五)年の第十回オールスター。この日、川崎競輪場を訪れたファンは四万七千人。写真も残っているが、競輪場のスタンドの屋根にも多くの観客がよじ登ってレースを見ている。収容できない約三千人がバンクの内側へと入り、おとなしくレースを見た。伝説になった瞬間だ。もしも、何かあったら、レースは中止となり、レースが不成立の可能性もあった。これ以降、川崎競輪場では、特別競輪の開催はなかったが、令和三(二〇二一)年に全日本選抜が開催されることが決まっている。

さらには、川崎競輪場では、こうした多くのお客さんの対策として、ずっと決勝を最終レースのひとつ前のレースとしていた。それは、お客さんが、帰りに駅までの歩道橋などで混雑するのを緩和するためだった。それほどお客さんが多かった時代もあった。川崎競輪では、そうしたことがほかの競輪場とは違って、ずっと続いていた。最初、どうして川崎競輪だけが、決勝レースが最後からひとつ前なのだろうかと、不思議に思っていた。そうした時代を知っている自分も古くなったものだと、感じる。歴史を遡《さかのぼ》ると、その理由がよく分かる。競輪の良い時代だったのだろう。

2　小田原駅から歩いて小田原城を横目に見ながら競輪場に

予想屋、青木利光は、かつては神奈川県内にある四つの競輪場を持ち場にしていたが、今は平塚競輪場、小田原競輪場の二つの競輪場で商売を行っている。青木の毎日は、判を押したように、毎日同じ時間に、同じことを、同じように、実行することで、それが同じことを生み出すようにしているかのように、繰返す。毎朝午前五時に起きる。それは仕事のないときも同じだ。まずは犬の散歩をして、朝食。そして、バスに乗って、JR藤沢駅へ向かう。道路の混み具合で、駅へのバスの到着時間は変るが、藤沢駅発七時すぎの熱海行きかその次の小田原行きに乗る。その前に、売店でスポーツ新聞を買う。乗る場所も少しだけ空いている後方の車両と決まっている。

JR小田原駅には、八時前に着く。大雨が降っているとき以外は、必ず歩いて、小田原競輪場まで行くことにしている。駅から競輪場には、歩いて十分ほどだ。小田原駅の西口からでも東口からでも、競輪場へはどちらからでも行けるが、青木は東口から左手に小田原城を見ながら、坂道を歩く。西口には学校が多く、朝のその時間帯には通学の生徒が多いので、今では必ずこの道を歩いて競輪場に向かうことにしている。この朝は、まだ桜の木に花が残っていた。小田原城には桜の季節ということもあり、大勢の観光客が早朝から訪れていた。

小田原競輪場の入口の前には、二本の桜の古木があり、風が吹くと、花吹雪が乱れ飛んでいた。掃除の担当者は、朝までに散った桜の花びらを掃きにくそうに掃除をしていた。青木は、入口にいる警備員のひとりひとりに大きな声で挨拶をして、自身が予想をしている中庭の予想台の前にきた。施錠されている台の鍵をあけて、なかから、その日、予想に使うものを外に取り出す。

予想で使うものも、時代とともに変ってきた。あるとき、青木と話していて、予想に使う文房具の話になった。

「予想を書くとき、昔は、台に紙を貼っていて、それに墨で予想を書いた。その後、筆からマジックになった。俺は青木だから、マジックは青色を使っていた。白い紙は今でも組合で売っている。今はホワイトボードになったけど。赤ペンと黒ペンを用意しているのは、『赤ペンは赤字になるから厭だ』『黒ペンは黒字になる』という人がいる。いろいろとあるんだ。その人が験《げん》を担ぐんだ。当たらないと『当たんねえな』と、マジックを捨てる人もいる。俺はケチだからそんなことはしない。昔は赤鉛筆が競輪新聞を買うと付いていたよね。前発表の紙は青紙といっていた。何で青紙っていってたのかなあ。色が青だったかなあ。予想のメモも、昔は手書きだったり、ガリ版刷りの時代があったりした。今はコピーだけど。ガリ版はまだ小田原の予想組合の事務所にあるよ。でも、今はもう紙がないんでしょ。蝋か何かの。時代の流れで、文房具も違ってくるね」

ガリ版は正式には謄写版という。明治二七(一八九四)年、滋賀県の堀井新治郎親子が開発、発売した。その仕組みは、和紙にパラフィンなどを塗った蝋紙と呼ばれる原紙をやすりの上に載せ、鉄筆という先端が鉄でできたペンで文字などを書く。この部分の蝋が削れて、細かな穴があくことで、インクで押さえることで、その細かな穴からインクが通過して、印刷されるというもの。昭和六〇(一九八五)年ごろから、その他の簡易印刷機などのコスト低下などで、ほとんど使われなくなった。

「ガリ版を刷る紙は、ドイツ版紙っていっていたけど、わら半紙だった」

予想屋さんの売るメモも最初は鉛筆で書いていたものが、スタンプになって、今ではコピーでやっている。今はそんなに売れないからだ。今は予想が売れる時代ではないから仕方がない。

青木は、予想台のホワイトボードを丁寧に慈しむように、綺麗に拭いた。青木が自分の職場をきちんとするのはいつものことだ。それを終えて、少し離れたコンサルタントの事務所に行く。シャッターを上げて、部屋に入る。六畳ほどのスペースがある。ここで予想をする。ここが青木の職場だ。ここで青木は予想して、お客さんに売る予想を作る。大きなレース以外では今では、小田原競輪場の競輪コンサルタントは二人か三人しかいない。今の競輪界を象徴しているようだ。小田原競輪場はよくいわれるが、一人当たりの購買単価は高い。場内を見ていると、年輩の人たちが多いのもその特徴だ。

小田原駅からマイクロバスでお客さんがピストン輸送されていて、小田原競輪場に着くとお客さんが一気にはき出される。小田原競輪場は窓口や座る場所を制限しているので、いまいる場所だけだと、お客さんが入るとかなり窮屈そうに見える。小田原競輪場は3・3バンクなので、狭いのは仕方がない。

小田原競輪場の壁に「両替屋」さんのことが書かれていた。今は、どこの競輪場にも、両替屋さんはいない。かつては、払い戻しの窓口が混むので、この両替屋さんが、手数料は取られるが、その場で当たり車券をお金に換えてくれるので、利用する人も多かった。しかし、今では、お客さんも少なくなり、券売機になって、それほど混むこともなくなり、両替屋さんはいなくなった。時代の流れだ。

青木の修業時代、そばに両替屋さんがいた。当時はまだ、青木が一本立ちする前で、修業していたときには、まだ場内に両替屋さんは大勢いた。レースが終わるとすぐに電卓で配当を計算してくれ、それを指のサインで、親方に伝えるのが青木の大事な仕事だった。今でも青木は、よく覚えている。指の符丁で誰が入ったか、配当はいくらかを教える。数字の一は人差し指を一本だけ伸ばす。二はブイサイン。三は中指、薬指、小指を立てる。四は親指以外を立てる。五はすべての指を開く。つまりパー。六は親指だけを立てる。七は親指と人差し指を立てる。八はそれに中指を立てる。九は親指と人差し指でOKの印だ。

《**両替屋さん**　今はもう競輪場で見ることがなくなった。黄色の帽子を被り、一目で分った。首から大きな蝦蟇口《がまぐち》をぶら下げていた。両替とはいうが、その場で当たり車券を現金に換えてくれた。当然、手数料は取られるが、窓口に並ぶこともなく、その場で払ってくれた。だから、すぐに次のレースの車券を買うことができる。競輪場にお客さんが多かった時代にはとても便利な存在だった。》

午前十時に開門となる。それまで、お客さんは、シャッターの前で並んで待っていたが、雪崩を打つかのように場内に一気に押し寄せてくる。この日は、温泉の割引券が先着で配布されるからか、約百人が列を作っていた。百円を自動の入場機に入れて、走るように入場していく。見ていると年輩のお客さんが多い。こうして楽しむ場所があるのは良いことだ。この日は日曜日だったが、若いお客さんは朝からは来ないのか、姿が見えなかった。

昼に近づき、場内の食堂にも多くのお客さんが溢れるようになった。

日本全国の競輪場は、それぞれで、雰囲気が違う。小田原競輪場と平塚競輪場も違う。

「雰囲気がね。小田原(競輪場)のほうが、のどか、商人が多いから。平塚(競輪場)は買いやすいんだって。来やすいし、買いやすい。だから、お客さんが入る。商売する側としては、同じだけどね」

そして、今の競輪場は年配のお客さんが多く、年金が出ると違う。年金が出てすぐは売り上げも伸びる。

「多少はね。やりすぎだよね。FIを二場やるんだもん。お客さんはお金が続かないよ」と、青木はいう。

今年はどんな年だったのかと訊いたときだ。

「良くないよ。競輪は右肩下がり。売り上げが現状維持っていっているけど、ナイターの場外が売れているからで、本場はガラガラだよ。チャレンジの七車立てっていうのは駄目だね。ミッドナイトの七車立てはいいけど。昼間のFⅡは九車にしないと。若いのが二人乗っかっていたら、弱くても百万円出るかもしれない。今のままだと百万円は出ない。選手がいないんだよ」

今のお客さんが何を目的に競輪を楽しんでいるのかということだ。少ないお金で一攫千金を狙っているお客さんにとっては、やはり競輪は九車で、しかも、しっかりと予想ができるものを望んでいるのではないだろうか。しかし、大穴が出るのはやはり予想とは違ったところで入らないと大穴にはならない。

競輪ファンには、普通のギャンブルとは違った、独特の嗜好があるようだ。そのことも知った上で、予想屋として競輪のお客さんと接するかどうか。

「昔はね、記念のときには、朝、朝礼があった。開催執務委員長が、予想屋さんに対して『汚い言葉を吐かないように』と。今は朝礼はないなあ。川崎競輪だったら、四月の記念、桜花賞で、競輪界の『その年の売り上げが分かる』っていわれた。あのころは、青森や北海道からもお客さんが競輪場に来ていた。『全国からお客様がお見えになるんで』と、朝礼でいわれたことがあったなあ」

3　平塚競輪場で青木に

「スーパースターが出てきたら、売り上げが伸びるよ。今なら脇本（雄太、福井）を追いかけたら儲かるもん。安心して買えるもん。俺があのレースで脇本の❶❺を教えたって、三百いくらだよ。お金になんないじゃん。❶❺なんか教えている予想屋さんいないよぉ。三連単❶❺❷を教えて千円ついたって、ご祝儀くれる？　くれないよ。一生懸命、もうこういう流れになっているから、教えておけば、損はしないいんだから」

いつもの青木利光は、数字をぽんぽんと出して話す。

まるで、数字は親友であるかのごとく、子どものころからの親しい仲間であるかのように、滑らかに口から出てくる。そのことにいつも驚かされる。

その日のレースは場外で、脇本の走るＧⅡの決勝だった。❶脇本で、ラインで決まった。脇本は久しぶりのレースだったが、圧倒的な強さで勝ち上がってきた。

「もう自分のなかで突っ張ることはやめたの。流れのなかで。番組がそういうふうに組んでいるから。番組、あるいは選手のケガの状況。逆らっても仕方がない。だから、素直に教えてるわけ。今はライン戦じゃん。昔だったら、堅い車券は書かない。でも、書かないと怒られる。でも、今は怒る人がいないんだよ。昔はいたんだよ。『無理に穴を書くな』って。怒られた。『堅く書いても、祝儀やるから』って。そういう流れのなかでやる。時代が変って。脇本の強さは、もうここ二年で分かったから。タイムが違う。努力が違う。コーチが違う」

一気に青木は喋って「でも、まず、メダルは無理だよ」とオリンピックについていう。青木は予言するようにそう付け加えた。競輪だけでなく、自転車競技も好きでよくテレビで見ている。世界の壁の厚さを青木はいう。車券を売っていない自転車競技にも青木が興味があるとは思わなかった。車券のことだけでなく、走る自転車のことはよく見ていて、お客さんに話題を提供する。

「競輪はなくならないよ。国がある間は、競輪はなくならない」

青木は自分に言い聞かせるようにいうものの、競輪はお客さんが入らなければ、続かない。

「先立つものがなければ、競輪は打てない。年金暮らしの人たちも、自分で計算しながら、車券を買っているんじゃないかなあ。二、四、六月……と、年金が出る月は、競輪新聞が売れる。うちにも、年金暮らしの人は結構来てるよ。年金が出たときは、少し予想を買ってる。気持ち、違う」

それが今の現場での本当の状況のようだ。

「静岡のダービー(日本選手権)は四百二十億円売れたんだよ。毎日ウン億円使った人がいるんだよ。若い衆がその場で買ってた。そのときには、まだその筋の人たちの入場も大丈夫だった」

《静岡ダービー　正確には、平成五(一九九三)年に行われた、静岡での日本選手権は、四三〇億一三〇〇万円を売り上げた。ダービーの記録である。ちなみにこの年、優勝したのは、小橋正義だった。》

《競輪の売り上げ　競輪が始まった昭和二三(一九四八)年は、競輪場の数も四場だったが、その売り上げは二億四二五〇万二九五〇円だった。平成三(一九九一)年の一兆九五五三億四〇一二万四九〇〇円が最高でどんどん下降していって、平成二五(二〇一三)年に六〇六三億一〇二七万七八〇〇円まで落ち込んだ。その後、微増となる。》

「オレは家が、競輪とともに育ってきているから『競輪が新しく生まれ変わりました』というキャッチフレーズは、これまでにもう、何回も聞いてるけど、なかのルールはほとんど変ってない。同じことの繰り返しだもん」

青木は、どうすれば競輪が長く続くのかということをいつもいう。それは青木自身がこれからもずっと競輪の世界で生きていくことを示している。

最近は、しきりに、「青板前の落車の車券は返還するのがいい」ということをいうようになった。そうしなければ、競輪は変わったというイメージにならないというのだ。落車にも、それぞれの理由がある。それでも、まだレースとなる前に、落車してしまうと、本当にがっかりする。そのために、車券の返還をしたらどうかという。

普通、ギャンブルとして、競馬、競輪、ボートレースとして並べられて、比べられる。車券の返還に関しては、ボートレースでスタートが失敗したときに、返還される。そうしたことが常に比べられることになる。競輪はほとんど、返還されることがない。お客さんの心理としては、大きい。何よりも、法律の規則に従って、そうなっているのだが、お客さんには、関係ない。さらにいえば、お客さんは、返還されても、そのお金でまた車券を買う。

「どうせ、競輪ファンは、そのお金を使うのだから。持って帰ったりしないよ。ボートレースに負けないように」と青木はいう。「何にもしなくても（お客さんが）入っていた時代だから、バンバン。競輪場はゴミは溢《あふ》れ放題。よく、川崎駅からそれほど歩いても、遠くない競輪場までタクシーを使った。タクシーは乗り合いもＯＫ。タクシーに乗っても、千円払って、『釣りはいらないよ』っていう時代。そういう時代だった。世の中もバブルの時代で、好景気に浮かれていた。ボートレースには、おいていかれて、どうしたら、お客さんがはいるかということをやった。建物、施設を綺麗にしようとか。先にそっちにいった。今は、もう逆転されてんから。今更ということで、追い越すことはもう不可能だから」

かつて、競輪場が賑やかだったころを思い出すように青木はいった。

青木は常に、競輪の主催者でも施行者でもないのに、競輪をもっと良くするためには、どうすればいいかということを話す。それだけ競輪のことを心配しているということでもある。しかし、実際には、青木ひとりが心配しても競輪界の何が変わるわけではない。ただし、最前線で戦っているのは、誰よりも青木なのだ。

「選手の威勢の良いのを出してきて、もうお客さんは五十歳の走りは見たくないでしょ。朝、練習をしているときにいうんだ、俺は変っているから。『競輪は展開だからと、負けてどうこうはいわないけど、一生懸命走ってねえじゃん』と。『いや、そんなことないです』と、その選手がいう。『お前のために、家一軒分買わせてんだから、しっかり走れよ。次、どこ走んだよ』。どこどこですという。『(お客に)買わせるからな』と念を押して『オッズ見てろ』と、わざと脅す。周回中にピッチが上がったり、展開を読まれたら来ないんだからって。南関地区でやったら、番組がラインをしっかり付けてくれるから、買えるよという。よそに行きゃあ、分かんないよ。それを読むのはわれわれだから。それに投資するのは、お客さん。若手の松井宏祐(神奈川・113期)を見るために、最終日でも千六百人、平日で入っていた。小田原は、新幹線が停まるから見に来れるんだよ。平塚はそうはいかない。追っかける人は、追っかけていたら、蔵は建つ。他をやんなければ。利益が出ないというのは、掛け金が少ないからであって、それが大きければ儲けは出るが、取られたら痛いよ」

競輪は展開だから、来る来ないは仕方がない。お客さんのなかには、昔強かったからという理由だけで、その名前がインプットされていて、いつまでもその名前だけで車券を買う人がいる。

「『昔の名前で出ています』は買っちゃあ駄目だよ」という。青木は常に、レースを見ていて、選手のことを見て、その上で、九人の選手の展開を読んで予想をする。選手の名前だけで予想しているわけではない。そこがプロと素人の大きな違いだ。

青木はそう説明する。

「昔の記憶ではなく、常に見ていて、記憶していないと駄目。数字はびっちり入っているよ、誰と誰が闘っているとか。多少の誤差は出てくるけど。それをいちいち覚えていて、ファンに説明しないといけないから。それが、前橋や小倉などのドームと表とは違う。ドームは(番手が)ついていく。表でやったら、違う。それも覚えていてお客さんにいう。分かんないんだ。ファンは。説明してやんないといけない」

青木はこれまでの経験とお客さんを前にした度胸で予想屋として生き残ってきた。常に自分の予想に自信を持っているのが分かる。予想の基本で、自信がなさそうにいったとしてもだれも信用しない。そんな予想屋さんをお客さんが頼ることもない。

「俺はカネを賭けてないから。熱くないから。たまには、スランプはあるよ。それをどういうふうにもっていくかだけだから。だから、ワンヒントでいえる。『これ堅いど』っていって。『二着は』『二着は❷だよ』って。『三着を聞いてんだよ』『❸だよ』『❷❶❸は』『それは諦める』」

常に数字を喋ることで、お客さんはまた青木を信用することになる。そして、青木は自信を持って言葉でお客さんに伝える。

「車券の裏表を買ってれば、こっちも安心なんだけどね。六十三歳は六十三歳の考えなんだって。昔、大損させちゃったお客さんが今ついたら、大儲けさせてるよ。昔は若かったから。ひかないところもあった。昔と競輪も違うから。どんだけ損させてんの。みんなに。で、儲かったことしか言わないから。それは変らない。昔から、そういう人たちを何百人、何千人とみているから。政治家、相撲取り、プロレスラー、何でも来てたから」

青木はお客さんがどんどん集まってきた時期のことを砂糖に蟻が群がってくるようだと表現した。お客さんには失礼かもしれないが実際にそれくらい多くのお客さんが青木のところに集まってきた。

「競輪は面白いよ」

心の底からの言葉のように青木はいった。青木はテレビでもパソコンでもレースを見ている。みんなが「車券買わねぇのに良く見てんなぁ」という。青木はいつもお客さんにいう。「いつも見てないと駄目だ」と。レースを見ているから、お客さんに自信を持っていうことができる。

「まずは商品(選手)がしっかりしてくれないと」と、青木はいう。

最初に会ったときから、青木の数字の記憶力には、驚いた。選手の名前を喋る時間が勿体ないように選手の車番で話す。その日のレースのことだけでなく、これまでのレースについて、番号でいうのだ。どれだけ覚えているのかというくらい話す。配当金までいう。どれだけ数字に強いのか。いつもそのことが不思議だった。

青木の予想の台の周辺には、多くのお客さんがいるが、それは場外のテレビを見るためで、本場である小田原のレースが終わると、すぐに場外の発走で、お客さんが走って戻ってきて、すぐに一杯になった。その一番後ろで、青木がテレビ中継を眺めている。しばらくは、興味なさそうに見ているが、最後の二周になったときには、声が出る。

青木は、レースの終盤に、ゴールが決まると、大きな声で一着二着三着の番号を叫ぶ。モニターでは、何度もゴールの様子がリプレイされている。

「はいっ、❸❺❾」と、青木は三着までの数字を大きな声でいう。自分の予想とは違っていても、そこは景気づけのように、大きな声でいう。

素人は、やはりゴール前の着順がわかりにくいので、微妙な差が分からない。ゴール線上で少し離れてしまうと分からない。青木の声にお客さんが、そわそわし始める。さらには、すぐに、配当まで放送される。その前に、青木は、スマホで直前のオッズを調べて、その金額を大きな声でいう。

青木に訊くと、笑いながら「賑《にぎ》やかなほうが良いだろう」という。青木が大きな声を出しただけで、周囲にいるお客さんは、予想が当ったのではないかと気にして見る。確かに昔の競輪場は常にざわざわとしていた。誰かが大きな声を出しても、聞こえないほどだった。それが今では、違う。レースの実況放送が流れていないときには、静かで、大きな声で話していたりしたら、みんなに注目されてしまうことになる。

青木もだが、予想屋さんは、自分の予想した選手がゴールしたときに、大きな声をだす。そのことで、予想が当たったことが分かる。

「このなか(競輪場)では大きな声を出しちゃいけないんだ。そういわれている。通達がでている。理由？　響くから」

「そうはいっても、ゴール後、利光さんは大きな声をだすじゃないですか」と、青木にいうと、「それはいうさ、(お客さんは)命より大事なお金をかけているんだから」と、何ごともないように、青木は、さらっと当然のことのようにいった。

4　競輪を盛り上げる打鐘員のこと

車券が売られ、お客さんの前で選手が走るまでには、多くのことがあり、選手がゴールしてレースが成立する。物事はすべてそうだが、細かなことの積み重ねがあって、初めて成り立つことになる。競輪も選手がいて、レースがある。その選手も今でいう日本競輪選手養成所を卒業して、国家試験に合格して、初めて選手としてレースを走ることができる。そこには、教官がいて、かつて競輪学校といっていたように、教師と生徒という関係で多くのことを学ぶことになる。レースひとつとってみても、選手は当然のこと、車券を売る人、審判員、先頭誘導員、検車場の職員、警備員、選手食堂のおばちゃんまで、多くの人が関わることになる。どれひとつ欠けてもレースは成立しない。

競輪の審判員のひとりに、打鐘員がいる。

打鐘員は、お客さんの前にレースが始まるときから、その姿を見せているが、実際には黒子だ。ここで叩かれる鐘は、よくジャンという言い方をする。普通は梵鐘だ。競輪場によっては、陸上競技で使われる鐘だったり、銅鑼《どら》だったりする。ジャンは残り一周半の時点で打ち鳴らされはじめて、次第に激しくなる。残り一周になるまでの間、打ち鳴らされる。

選手にそのことを知らせることが一番の目的だが、この音によって、お客さんも熱くなる。この打鐘も規則で、最初から行われている。選手に周回を知らせるのは周回板と、この打鐘の音だ。この音を聞くと、レースが一気に盛り上がる。

日本の競輪場には、三三三メートル(正確には三三三・三三メートルの前橋競輪場)、四〇〇メートル、五〇〇メートルと三つのバンクがあり、それぞれで特徴がある。お客さんも、好きなバンクでの競走の車券を買うことができる。高知競輪場は、五〇〇バンクと一周が長い。そのために、直線も長く、作戦もさまざまで、予想するときにも、ラインで来ることはない、といわれるほどだ。競輪場の一周の長さが違うように、最後の一周半を知らせる、ジャンといわれる鐘の音も違う。高知競輪場は、その鐘が銅鑼だ。だから、低く響く。そうした鐘の音も、また叩く人によっても違う。競輪の規則で、こうした鐘を叩くことまで決められている。走っている選手が周回を誤認しないようにだ。それだけでなく、見ているお客さんの心もこのジャンによって、さらに盛り上げられることになる。

梵鐘を鐘に使う競輪場が多い。戦争中、金属が戦争のために、供給され、品不足となったが、火事を知らせる梵鐘だけはまだ残っていたことから使われるようになったといわれる。高知競輪場の銅鑼は田圃などで、虫を追い払うために使われたものだという。

この鐘を打つのは、審判員の仕事だ。打鐘員とも呼ぶ。とても大切な仕事で、この鐘を鳴らさないと、レースが成立しないことになる。レースが成立しないということで、売り上げを返却しなければならない。一人の人間の行動に大きな売り上げがかかっている。

それだけ大切な役割を担っている。ただ盛り上げるだけでなく、この打鐘で走っている選手に残り一周半であることを知らせるだけでなく、この打鐘がなければ、レースは成立しない。実は、競輪は本当に細かい規則で成り立っている。お金がかかっているのだから、当然といえば、当然のことだ。

審判員になるには、どうすればいいか。資格が必要だ。JKAのHPには、簡単に、審判については、こう書かれている。

「JKAが実施する審判員資格検定に合格した者を審判員として登録します。登録した審判員は、A級・B級・C級に区分されます。A級は審判長として必要な知識及び経験を有すると認められる者、同様にB級は副審判長として知識経験がある者、C級はそれ以外の審判員として区分しています」とある。

審判の訓練は六カ月間行われ、準国家試験に合格して、初めて競輪の審判員として、バンクに立つことができる。その間の集団生活の厳しさだけでなく、動きもきびきびして「まるで運動会みたいな会社だな」と、全国から集まった職員は話した。訓練期間中、外出も制限される。だから「競輪学校の生徒よりも厳しい」ともいわれた。それだけ、短期間で覚えることも多いからだ。ギャンブルのその中心を取り仕切るのだから、昔から、厳しいのは変わらない。

バンクを走っている選手に残り一周半となったことを知らせる。ここからレースは一気に動くことが多い。選手は気合が入っているときには、その打鐘の音が聞こえないという。かつて、競輪場にお客さんが多かったときも、その声援に打鐘の音がかき消されたこともあった。だから、バンクの内側にスピーカーを設置した。今でもスピーカーから打鐘の音が流れるが、かつてのようにお客さんが入っていないことから、逆に大きな音で聞こえることになり、選手から「ボリュームを小さくして欲しい」という声も聞こえてくるという。それだけ競輪場にお客さんが少なくなったということなのだろう。

打鐘員は選手の視線だけでなく、お客さんの視線を強く受けながら鐘を打ち続ける。テレビ中継でも、打鐘員の様子を映し出したりする。審判のなかでも注目される立場のひとりだ。

審判の仕事は多岐に渡るが、なかでも、周回板を扱う審判は精神的には大変だ。目の前で落車があると、助けに行きたくなるのが、人間としては普通だ。それでも、周回板を扱っていたら、それはしてはいけない。何よりも、レースを見ていて、「レースを見てはいけない」というのが、周回板を扱う審判なのだという。どの審判が一番大変か、と気になって訊いた。当然、どこも大変だが、一番気を遣うのは周回板だという。

どこの審判も間違うとレースが不成立でお客さんに返金となる。それだけ厳しい。

かつては、前半のレースと後半で周回が違っていた。レースの間に、その周回板を変更しなければばいけないのが、他の仕事があり、忘れてしまった。それで、前の周回板のままでレースが始まった。選手も、その周回板の回数でレースを行ったが、後になって、お客さんが気付いて、レースが不成立となったということがあった。

それだけ審判員の仕事は神経を使うことになる。

審判長からも指示があるが、落車が複数あったりすると、目が行き届かずに、指示ができない。何よりも、「レースを見ていて、レースに引き込まれてしまうと駄目だ」という。というのも、自分が気になったところだけを見てしまうからだ。自身が周回板をめくるかどうかが、レースが成立するかどうかにかかっている。正確にレースを知らせることは、選手にも、お客さんにも必要だ。レースにおいて重要な役割を担っていても注目されることはない。正確に、無事に、何ごともなく終って、当然なのが、審判だ。表には出ないがこれほど重要な仕事もない。どんな苦労があるのか。どうしても打鐘員のその現場の声を聞きたかった。そして辿《たど》り着いたのが、ＪＫＡの宮垣秀忠だった。

鐘のたたき方ひとつとっても、自分が車券に熱中しているから、審判を見ている余裕などない。買った車券の選手しか見ていない。

そういえば、話はそれるが、昔、予想屋さんの青木利光がレースでは走っている九人の選手のすべてを見ているといっていた。しかも、最終の四コーナーのところの走りをすべて見分けていると。だから、そのレースの勝因が分かると話す。それを聞いて驚いたことがある。私なんかは、自分の買った車券の選手しか見ていない。だから、敗因は分かっても、そのレースで勝った選手の勝因など分からない、と思った。

「選手の動きを見ていると、リズムが狂う。だから、自分のペースで叩く」と宮垣はいう。しかも、三三バンク、四百、五百とそれぞれで鐘の叩き方も違う。

人間の目はつい選手を追いかけてしまう。すると、レースによっては選手のスピードが違う。選手が後続を牽制《けんせい》すると、レースが遅くなる。それを見てしまうと、打鐘員も戸惑うことになる。だから、自分のいつものペースで行うことが大切となる。

「選手の動きに惑わされると、(鐘を)打つのが止まってしまう」と宮垣はいう。すると、締まりの悪いレースになるのだという。

「一発目は強く叩け」と、教えられる。それからは自分のリズムを刻むだけだ。

「うまい打鐘員は、レースを盛り上げる」と、宮垣はいう。選手を除けば、一番のレースの演出家だ。だから、逆に打ち方の下手な打鐘員は、気になる。宮垣は今でも、競輪レースの中継を見ていて、その音が気になる。「下手だと、締まりの悪いレースになる」

打鐘の音を聞いただけで、そのレースが分かるという。

打鐘員は木槌がなければ仕事にならない。常にその存在が重要となる。何よりも、鐘の場所に木槌があるかどうかだ。何度も確認はするが、人間だからミスがある。かつて、ある打鐘員が打鐘のための木槌を忘れて、あわてて、鐘を脱いだ靴で叩いたというケースが面白おかしく紹介されたことがある。それがなければ、レースが成立せずに、大金が払い戻しになる。さぞ、その打鐘員は冷や汗が出たことだろう。そのために、打鐘員には日頃から厳しいチェックが欠かせない。この木槌は特注で一本約千円。まとめて注文するのだという。その木槌も役割を終えて、その後、事務所で書類を閉じるときに、使われたりもする。

打ち方がうまいと一本の木槌は折れることなく、割れることもなく、何年でも使える。打ち方次第だ。下手だと、すぐに折れたり、割れたりする。

「打鐘員は審判の花形かもしれない」と、宮垣はいう。

現在、ＪＫＡの職員の宮垣も打鐘員を経験したひとりだ。伊豆・修善寺での半年の訓練を受けた。「競輪学校の生徒の訓練よりも厳しかった」と、当時を振り返る。訓練を終えて、初めて打鐘員として宮垣が競輪場で鐘を叩いたのは、平成二（一九九〇）年の平塚競輪場だった。

「無我夢中だった」と、その時のことを宮垣は思い出す。「終わったときには、疲れて、疲れて」

人間の心理として、持っていると叩きたくなる。だから、木槌は直前まで持たない。足にひっかけることがないようにも注意する。

さらには、何かがあったときのために、レースの前には予備の木槌があることも必ず確認しておく。レース中に何があるか分からないからだ。そうした予備を一本だけでなく、何本も用意していた人もいた。

鐘には臍《へそ》と呼ばれる部分がある。その臍も鐘によって違う。大きさもさまざまだ。木槌の叩き方もある。そのどちらかを間違えると、木槌は折れてしまう。打鐘員は予備の木槌を持っているが、慌てることになる。だから、鐘の叩き方も大切となる。

競輪場によって鐘は違う。松戸競輪場の鐘は洋ベルと呼ばれるベル型のもので、なかのカネを外側の鐘に打ち付ける。その際、なかの鐘を吊しているワイヤが巻き付いて、打てなくなることがあるので、そのことも確認しておかないといけない。

「長くやっていると、眠れなくなる」と、宮垣はいう。それだけいろいろなことが心配になるからだ。やればやるほど、「打ち忘れた」とか、「打ち間違えた」というようなことを夢に見るようになる。寝ているときに、打ち忘れた夢を見て、汗をかくことがある。

「それだけ責任が重い」のだという。年齢を経れば、それだけ責任が重くのしかかることになる。宮垣は自分だけでなく、周囲もみんなそうだという。だから三年間やれば、「長い」という。

「簡単なようで、簡単ではない。昔から変わっていない。プレッシャーに弱い人には無理だ。それとレース全体が見える人でなければできない」

そうしたことから「打鐘員には誇りを持っている人が多い」と、宮垣はいう。それだけ大変な仕事なのだ。「気を抜いたら終わり。それはお客さんに伝わる」と話す。

「打鐘員は奥が深い。こんな面白い仕事はない」

競輪場でいつも何気なく見ている審判員だが、それぞれで苦労がある。宮垣は結論をいうようにそういった。

競輪場において、審判の役割はそれぞれで違う。審判の仕事は多岐に渡る。なかでも、発走、周回、打鐘の三人の審判はそばにいて、トライアングルと呼ばれる。そこでは、何かがあったときには緊密に助け合うことになる。そのどれもが重要な役割を果たすことになる。

あの鐘を鳴らすのは、「あなた」ではなく、競輪場の打鐘員ということになる。

5　青木利光の舎弟

「うちの舎弟はね」と、青木利光があるとき急に話し始めた。青木の実の弟のことだ。青木の弟も一時期、予想屋さんをやっていた。

「俺の三つ下で」と、ぽつりと語ったことがあった。あまりそのことは話したがらない。だから、これまであまり聞いたことはなかった。

「最後は、千葉県の病院に入院して、弟はあまり喋らないから、電話番号をいったのか、電話がかかってきた。小さいときの四国の話とか、親父が喋っていたことをあいつは、夢現《ゆめうつつ》でいじめられて、『出されちゃった』とか。四国とか山口とか、山口はおばさんがいる。

電話があって、『これこれこうで、写真を送りますから間違いないですか』と、写真を送ってきた。

間違いなかったよ。すぐ、連絡した。

夏だった。野田市に行って、市の人に話を聞いた。

『会っていきますか』というから、

『会わない、出ていったんだから』と。

何も持ってなかった。紙袋に、ラジカセだけだった。

亡くなって、遺骨だけ取りに行った。それでお骨をお墓に入れた。それから一カ月もしないうちに親父も逝《い》っちゃった。

医者がいうには、ちょっと鬱《うつ》っぽかった。それでがんになったらしくて、もうガリガリだった。がんで死んだんだ。自分で格好良く、出ていったんだから、これぱっかりは仕方がない。

予想屋をしていた。当然、予想屋のライセンスを持っていた。

何年やってたのかなあ。十年くらいはやっていたかなあ。

川崎競輪場にも花月園も、平塚も小田原競輪場にも、予想の台があったから。

当時は、バブルの時代だった。

『秀ちゃん』と呼ばれていた。売っていたよ。結構儲《もう》かっていたよ。もともと佐川急便の初期のドライバーだから。寝ずに働いた時代だから。すごかったよ、お金はもっていた。何かあったら、お金をパーッと使うので、紹介した店でも喜んだらしい。ドライバーの人はそうだったとか。その後、佐川をやめて、予想屋になったんだ」

遠い昔を思い出すように、青木は弟のことを思い出しては、ポツリポツリと語った。あまりこれまでに喋ったことのない話だった。

「みんな（予想屋を）辞めたじゃん。喰えないからじゃないの。厭になってね」

ずっと一緒にやっていた若手の予想屋さんについてもひとりひとり思い出すように青木は話した。

「収入が安定しておらず、奥さんが『安定しているほうにして』と、今は運転手をしているといったなあ。廃業届を出さないと、退職金があるから。親方の二番目の弟子は、何やってんだろうなあ。『辞めますから』って、そのままだったなあ。

『辞める』っていったら、気力がないじゃない。だから『第二の人生、頑張りな』って。それのほうがかたいいんじゃないの。予想屋は良いときは良いけど、悪いときは、売れないから。

みんな多少は良い思いをしてるんだよ。良い思いをしてなきゃ、夜遊びしないよ。俺なんか、飲まないから。俺なんか、飲んだら、毎晩誘われちゃう。きょうなんか、儲かっているから、『あんちゃん行くべえ』と、一軒、二軒、三軒、四軒と。そういう人は自分で行くところって、格好付けたがるから。昔は行ったよ。行った行った。うちの娘が生まれたのが平成二年でしょ。十年できなかったから。毎晩行ったよ。付き合いで。

川崎で、飲み代が出ればいいからというので、『泊まってけ』ってホテルをとってくれたりした。『下着やズボンは？』『買ってやっから』って。

そういう時代だった。すごかったよ。俺でもそんなだったから、もっと上の人はもっとすごかっただろう。一本何万もする酒を何本もばんばん。俺は今でも忘れないけど、その人が、俺に『ここに現金があるから、増やせねえか』と。『いやあ、競輪は難しいよ』と」

かつてのバブルの頃のような話をした。

「簡単に何百万円っていうけど、今と違って、昔は(大金で車券を)買うのも大変だったよ。俺は武雄競輪場で(実際に)やっているんだから。武雄の駅前の不動産屋で一戸建て八百万円のころ。ひとりで買わされるんだから。窓口でひとりで買わされて、売り上げがうんとあった時代だったが、窓口のおばさんだって、驚くよ。

あの武雄競輪場でさえ、お客さんが六千人くらい入った時代だった。こっちは慣れているから、早目にお金を入れて。そうしないと、締切に間に合わないから。

『六百万、これお願いします』って。おばちゃんが十万円ずつ機械で打って。知らない人は、『すぐ買えるよ』っていうけど、そのころは違った。締切二分前に、買えないというので、『返還します』といったら、オッズは逆転するからね。それをやってた人もいるんだ。だから、窓口を離れたら、取り替えませんっていう。武雄競輪のときは、吉岡(稔真)―井上(茂徳)で走って井上の頭で堅いから、狙っていった。

『(お金を)増やしてくれ』っていうから『じゃあ、行きましょう』って武雄競輪に行った。いつも井上が一着じゃん。八年連続一着で、いくら買っても大丈夫ですって。だから、そのときは直線が長いし、井上が吉岡をいつも差してたから。『利坊、二百十円だってよ』って。『そんなにつくのか』って。それが入らなくてよかったんだよ。それが入っていたら、人生かわっちゃった。

裏表で六百円と七百円と買った。

神山雄一郎も乗っていた。準決勝は、吉岡と井上と、加藤雅人(六九期)埼玉の。準決勝はおとなしくワン・ツーだった。二百十円、二百二十円。決勝は井上―吉岡で六百円。そんときに、❷吉岡、❾井上だったかな。確か。❸が加藤。❹❺で三周目に三コーナーでひっくり返った。三コーナーで見てた。目の前でひっくり返った。

ふるさとダービー武雄、行ったよ。狙って行ったわけじゃないんだけど、向こうで、お金があるから、毎日毎日使ってもって。勝負できねえかなって。こっちから、お金を持って武雄にいった。俺が持って。ショルダーバッグに入れて。六百万だよ。新券でちゃんと帯がかかった。帯がかかった百万円の束はブロックっていってた。帯のかかったブロック六個買った。『決勝をやろう』って。準決勝も買ったよ。決勝は難しいから、準決買ったら、っていったら、二百円だよって。じゃあ、百万だけ買えよって。

予想屋さんに百円出して、とりあえず聞いたの。『千円やれ』って。

予想屋さんがノート出してきて、メモを貰った。ボールペンで書いてあった。井上が差すと。今までのデータで差してるって。『そのための番組だから』っていうんだ。

『お兄さん、裏表買ってれば、儲かんないけど、損しない。安心だ』って。

百万買って、ホテルに帰った。見なくて平気だよ。ホテルで電話で聞くって。二百十円か二百二十円。

次の日、武雄競輪場にタクシーで行って、俺を見つけた予想屋さんが、『差したでしょ』って。車券を見せた。『そんなに買ってる』って驚いてた。『一万円ご祝儀やれ』って。良い思い出だった？　転んだ（落車した）から、良い思い出じゃない。

その人は本命党だった。今は穴党も本命党もいないよ。今は三連単だから、いない。昔は穴の予想屋さんとか、本命の予想屋さんとわかれていた。俺はどっちだったんだろうなあ。その人たちが付きだしてから、『予想が固くなってきたんじゃないか』と言われ出した。常連さんにね。『そんなことないよ』と。でもやっぱり、千円札よりも、どんと貰ったほうがいいから。そういうふうになっちゃった。それは平成元（一九八九）年のころ。どうすれば良いかって？　一日三個レースくらいに絞って。一般戦はやらないこと。

それが武雄のときの。家一軒分、競輪を打ったんだ。

その人は関西から流れてきて、もう他界しちゃった。肝硬変で死んだ。毎晩だよ。今でも忘れない、大森のクラブに、クラブが終るのは十一時半でしょ。十一時四十五分で終わりでしょ。十一時半に行っても、お金を使うから。領収書出して、落とすから。午前一時まで、その人のために営業していた。そこから俺のために、ホテルを取っておいてくれるんだけど、二軒目三軒目と遊びに行って。それで寝る。それで朝八時に迎えに来てくれて、それで川崎競輪まで行った。ホテルの部屋が広くて、もったいないから、毎晩二万円の部屋に泊めてくれて、ホテルの人に、『明日は一万円の部屋にしてくれ』といったら、『もうお金はもらっちゃってる』って。『もったいないから、安いほうにしてください』っていって。そういう時代だったもん。それは平成二年。それが六年くらいまで続いた。そのとき、お金は貯めてなかったなあ。けっこう使っていた。

お金のことを考えるようになったのは、子供が生まれてからだなあ。日銭が入るから。またあしたも入ると思う。だから、自分では（競輪を）打たないけど、どうしても使うのが多い」

すべてに波があり、それが人生だ。誰もが景気が良いときには、それがいつまでも続くと思ってしまう。そうしたことがいつまでも続くわけではない。それは終わってから知ることになる。

「親父の時代は十円札を炭俵に入れて踏んで詰めていた。死んだお袋は、毎日大金を持って帰ってくるから泥棒をやっているのかと思ったと。（予想が）上手だったんじゃないの。お客さんも多かったし。だって、うちにステレオとテレビあったよ。写真見ても分かるよ。親父は二十四歳かなんかで家を建てたんでしょ。それで材木を一回、じいさんに取られて、それでも二回目に建てた。写真を見ると、五月のお節句や鯉のぼりなんかすごいよ。でも、お袋がよくいってたのは、俺がおなかにはいったときには、全然帰って来なかったって。口は達者だし。で、着替えを持っていったって。

お弟子さんも五人くらいいた。売る予想のメモ書きだけをしている人がいた。黄色いシャツを着ていたから。黄色と黒だっていっていた。予想台の場所の良いところは腕力がないと取れない時代だった。嘘みたいな本当の話だからさあ。そのあとが、理事長たちの時代。俺らのころは、もう(競輪に)陰りがきている時代だった。昭和五十年代の。ボーリングのブームのときだよ。ロンドン、ハリウッド、キャバレーの時代。店に行かなくなったら、つぶれたという話もあったよ。聞いたよ、ママに。予想屋さんは自然消滅だね」

昔のことをつい昨日のことのように思い出して青木は何度も何度も話した。

「昭和五八(一九八三)年にコンサルタント(予想屋)になったころはすごかったよ。中野浩一さんが来るからって、三万人が入った。中野さん見たさに入ったからね。

コンサルタント同士で情報交換もいっさいない。上との付き合いもしない。下とも付き合いがない。

『教えてください』といったら、『自分で勉強しろ』と。前は年に一度、会合をやっていた。今はみんなに覇気がない。理事長はひとり。永久理事長。あとは会計。よそからは入ってこれない。新しい人が入るとして、誰につくか。

『利光、預かれ』と理事長にいわれたら、預かるけど。

『だけど、給料は出さないよ。自分で二年間やりな』って。

今はいないよなあ。本当に好きじゃなければやれない。夜、コンビニでバイトをするか。常連客から『お兄ちゃん、これ煙草銭』という具合にもらったり。そのためには、いろいろなことをやってあげる。車券を買いに行くのは当然だし、お茶を買ってきたり。オッズを見たり。

たとえば、お年寄りを騙《だま》してもいいんだ。『次、何がいい？』といわれたら、何でもいっておく。顧客を持てば、生きるぶんには、どうにでもなる。俺なんかは、前はよく怒られたんだよ。うちの親父も、理事長も『お前、予想を売れ』といった。予想を売るのが基本で、その他のお客にアドバイスをして、手を抜くな、と。

『三分前になって、きりかえればいいじゃないか』と。俺はそうじゃないと思う、そうしないと、お金にはならない。最初から、お金になるほうに。

《そうはいっても、青木さんは予想を売らないわけではない、というのも、競輪のお客さんは、予想屋さんを見ている。そこで予想が当っていない予想屋さんには、お客はつかない。》

顧客プラス口頭。百円のお客さんもいる。メモを出しといて、なおかつ、裏もあるよとか、ボックスで買いなさいとか。そちらのほうが、カネになる。昔は口頭のほうがすごかった。『裏もあるよ』とか囁《ささや》く。

メモが出なくなったのは、三連単になってからだね。三連単で千円で買わなくなって、細かく買うようになった。場外も多くなった。

もう確実に落ちていった。その流れで、本場も一緒になってきた。小田原競輪場をしめるという話があったときに、よく年配のお客さんから、『どうして年寄りの憩《いこ》いの場所をなくすんだ。あんちゃん、上の人にいってくれよ』といわれた。静岡の三島からのお客さんは、小田原には新幹線で来れるんだからと、平塚があるといっても、遠い。山梨のほうの人はサテライトはあっても本場がない。だから、競艇のほうにゆく」

よくパズルをしている年輩の人は、ボケないためだという。そのために、やるのだという。ボケないためには、一番なのは、やはり競輪だろう。よく競輪は記憶力の勝負だという。競輪の必勝法はそれぞれだが、やはり何も知らないと難しいのは当然で、今までのレースのこと、選手の人間関係、展開予想など、あらゆる情報が大切になる。

予想屋さんが増えたら、競輪の売り上げが変るか、と質問した。

「変らない。(予想屋さんの)イメージが悪いから」と、青木は、即答した。それが青木の本音かどうかは分からない。

「予想屋さんというのは、自分の腹を痛めねえんだよ」と、青木はいう。確かに、自分で車券を買うわけではないからそうだ。自分の財布は痛まないが、商売として成り立つためには、それ以上に大変だ。

「好き勝手なことをいって、他人の財布で勝負する。入れば、だからいっただろうと。入らなければ、仕方がないと逃げ道がある。俺らがいっても、売り上げは上がらない。商品である選手が頑張らないと。でも、競輪選手にはオフがないから、スターは無理。三百六十五日、マイペースで走って。それで開催も多すぎる。休みをあげない。中三日で走らせたら無理だよ。昔みたいに、一回走ったら、次の週はお休み、記念とＧＩの間が短すぎ。売上のために、選手も乗らないといけないんでしょ。今だったら、脇本（雄太）を追いかけたら、儲《もう》かるもん。安心して買えるもん」

そうした予想だと素人と変わらない。それでも、お客さんは予想屋さんを頼る。

「自分でつっぱることはやめたの、流れのなかで。だから、素直に教えている。番組がそういうふうに組んでいるんだから、さからっても仕方がない。だから、そう教える」

第三章　競輪予想紙

1　青木の予想

神奈川県には今、川崎競輪場、平塚競輪場、小田原競輪場の三つの競輪場がある。かつては、横浜市鶴見区に花月園競輪場もあった。

その四つの競輪場を予想屋の青木利光は職場にしていたが、今は、小田原競輪場と平塚競輪場だけに限っている。どうして青木は、小田原競輪場と平塚競輪場だけにしたのか？

「それまでは、川崎、花月園、平塚、小田原の四つの競輪場で、一カ月二十四日間、それぞれ前後節の六日間。六日、六日、六日、六日とやっていたが、そのときに、活気は、川崎（競輪場）、花月園（競輪場）があった。平塚（競輪場）、小田原（競輪場）のほうが良いというお客さんがいた。『昔の過去と栄光を捨てて、平塚と小田原の方が良いよ』といわれたから、そっちに力を入れた。それで正解だった。今は、お客さんは、場外は平塚のほうが多い。小田原は、お客さんひとりあたりの車券の購入額が高い。それだけ、商売としては見返りも大きいということ。客層が良い。平塚は、公務員とか、会社員が多い。平塚と小田原は、それほどの距離があるわけではないのに、お客さんがまったく違う。昔からそうだ。川崎は三万人入った。平塚も花月園も二万人。かつては平塚が一番駄目だった。それが、今は平塚が一番になっている。場外は平塚が日本一。平塚は、来やすいし、見やすい。だからいいんだよ。だから、お客さんが寄ってくる。川崎には、ここ何年も行ってないから、分からないけど。数字だけ見ると、平塚の場外の入場者はダントツだなあ」

「川崎競輪場に行っていればと思わないのか？」と、青木に訊いたことがある。昔から競輪の聖地といえば、川崎競輪場というイメージがあったからだった。

「うん、思わない。全然、思わない」

「川崎競輪場の本場開催だけでも行くというのはないのか」とさらに青木に訊いた。

「ないない。それぞれの競輪場で、お客さんは付いていた。蟻の巣みたいに、オレが角砂糖で、みんなが付いてきた。オレが行かなくなって、みんな競輪に来なくなったって。そんなお客さんがいっぱいいいたんだ」

かつて自分の周囲にいたお客さんのことを蟻に例えて、しかも、自分の予想に群がることを青木はそう表現した。実際にそうだったのだろう。今でも時に、青木の周囲には多くのお客さんで一杯になる。

青木がいつも朝、競輪場でその日の予想のために見る競輪予想紙は、「小田競」だ。以前は、競輪予想紙の前夜版をJR藤沢駅の売店や辻堂で発売しているところに必ず買いに行き、それを見てその夜のうちにレースを予想していたが、今はスマホで夜のうちにメンバーが出るので、それを見ることにしている。そのときには、メンバーをざっと見るだけで、きちんと予想をするわけではない。

「そのときに決めないのは、迷いがくるから」

ベテランの予想屋、青木でも、何かに迷うのだろうか。だからその日のレースの自分の予想を決めるのは、朝だ。

「夜、予想をすると、その日のレースが頭のなかに残っちゃっているから。競輪は展開だから。今は前の晩に、予想は一切しない」という。朝、競輪場に着いてから、新鮮な気持ちで競輪予想紙を見て、展開予想をする。慣れた「小田競」のデータを見て、そこで初めて自分の予想を決める。青木の朝は競輪場に行くまでの電車のなかではスポーツ紙を読む。そこでも競輪欄も読むが、自身のその日の予想を決めるわけではない。競輪場について、赤ペンを持ち、ゆっくりと小田競を読んで、そのデータにチェックを入れながら、予想する。

「四十年ずっと(小田競を)使っているから。スポーツ新聞だけで予想してくれといわれたら、そこでは自分で二分戦、三分戦と切っていかないといけないから時間がかかる。他のでも予想は出来るけど、小田競ではここにギア、ホームと書いてある場所も分かるから、慣れちゃってるんだね」

ひとにはそれぞれ自分のやり方、流儀がある。だから何かが少し違うだけでも大変だ。

「初日、二日目は、これまでのデータを見て、どこで誰と戦ってきて、どうまくったかを見る。最終日は、悪いのは悪いで切っちゃうから。だから最終日のほうが予想に時間がかからない。当ってないときは、迷う。初日、二日目に当っていないと、当てないといけないというプレッシャーがあるので迷うんだ。だからと堅く書いていると当らない。調子が良いときは、スラスラスラっといくよ。自分の波があるんだよな。昔、当たらなくて二十連敗、三十連敗、四十連敗なんて、しょっちゅうあったよ。何を書いても、当らないときは当らない。何でなんだろうね。『今どう?』『よくないなあ』『だったら、これからよくなるなあ』と、そういうふうにとってくれる人もいる。『どう?』『きょう二本当った』というと、『じゃあ、きょうはもう当らないなあ』とか」

青木の予想の仕方は、ずっと変らない。何でも大丈夫だとはいうが、見るのは競輪予想紙の小田競だ。だから、その競輪予想紙がなくなったら、どうするのだろうか。

「大丈夫ですよ、小田競がなくなっても、サイクルでも大丈夫。どんなものでも予想できる」と青木はいう。

「競輪予想紙は終わったら、捨てちゃう。選手も歳を取る。戦っている相手も違う。明日は雨かもしれない。明日、同じ九人で走っても、結果は違う。同じものはない。だから予想紙はとっておかない。だから『これはご苦労さん』って、捨てちゃう。『この新聞くれ』という人がいるよ。だからあげちゃう。競輪は展開だから。今調子の良い選手に注目する。だから毎日レースを見てないと駄目なんだ。よくいったもんだ、『人間は顔が良くないといけないよ、競輪は展開が良くないといけないよ』って」

2 北の大地の競輪予想紙

《**競輪予想紙** 競輪専門紙とも、予想紙とも、競輪新聞ともいわれる。それぞれの競輪場でそれぞれの予想紙が発行されている。競輪ファンは自分の馴染みの予想紙を買う。好き嫌いが必ずある。かといって、何紙も持っているファンはいない。隅から隅まで目を皿のようにしながら、読んでいる。》

当然、競輪予想紙の数は減ってきているのが現状だ。熱心な競輪ファンの手元には必ず競輪専門紙がある。スポーツ新聞よりも情報量は圧倒的に多い。競輪ファンが頼りにするのは、予想屋さんだけではなく、競輪予想紙も大切なものだ。今では五百五十円と高価だが、それでも情報が満載で、情報が欲しい競輪ファンは、この新聞を片手にレースを予想する。

ＪＫＡのホームページによると、競輪専門紙は北は函館から、南は熊本まで全国に、四十一紙あることになっている。競輪の予想紙は情報が多すぎて、数字ばかりが書かれていて初心者にはその見方がよく分からない。だから、競輪ファンはこの値段の予想紙を買う。

今から何年前のことだっただろう。既に記憶が曖昧《あいまい》になっているが、どう考えても二十年以上は前のことだと思う。最初に、北海道函館市の競輪予想紙「オール競輪」の高橋信彦さんのことを知ったのは、当時の日本自転車振興会（現ＪＫＡ）からの紹介だった。その頃、私は夕刊紙の記者をしていて、ナイター競輪が始まるということで、締め切りの関係で、ナイター競輪は夕刊紙が良いというので、夕刊紙にそれまでになかった競輪面を新設した。競輪のことを扱うことで、予想専門紙の助けがどうしても必要だった。ナイター競輪が始まる前で、まだ函館競輪場でナイターの試走などが行われていた。バンクに水をまいて、その照明の光の反射が走行中の選手にどう影響するか、一部の照明を落としてみたり、ジャンの音を競輪場の周囲で実際に測定したりといった具合だった。なかでも実際に、選手がナイターでバンクを走ったときの光と影の様子などを厳しくチェックしていた。

初めて函館市川原町にあるオール競輪を訪れたときに見た光景を今でも鮮やかに思い出す。蛍光灯に照らされた壁一面に置かれた鉛の活字に圧倒された。その向こうに大きな輪転機があった。私自身も新聞社に入社したときは、まだ鉛の活字だった。一日中、工場では活字を作る音ががちゃんがちゃんと響いていた。記事に赤字が出ると、走っていって、ピンセットで活字を拾って貰う。素人には、どこに何があるのか、まったく分からない、職人の世界だった。ゲラになってからも大変だった。当時の新聞社は鉛の活字が溢《あふ》れていた。今ではどこの新聞社も鉛の活字を使うところなどないが、当時はどこの新聞社も、そうした鉛の活字だった。手作業なので、競輪に出場する選手の成績の柱を組むのに二日かかっていたという話をそのときに、聞いた。すべてが手作業で行われていた。新聞社は当時も今も時間との戦いだ。それだけは変わらない。

競輪予想新聞だから、予想が当たればいい、というわけではない。早く、何よりも正確でなければいけない。そうした情報をお客さんは待っている。しかも、競輪ファンは、競輪新聞を隅から隅まで熱心に穴があくほど読む。小さな情報でも、それがどれほど大切かをよく知っている。競輪はよく記憶の勝負だという。ファンは、過去のレースをよく覚えている。特に自分が車券を取ったレースはいつまでも覚えている。そうした人たちが熱心な読者だ。

競輪新聞を作っているというから、どんな怖そうな人が出てくるのかと心配だった。初対面のときから、高橋さんはいつも忙しく、バタバタとしていて、かかってくる電話にも忙《せわ》しなく、北海道弁のアクセントで話していた。

新聞作りのその作業を見ていて、高橋兄弟三人の役割分担も、きちんとしていて、だからやれるのだろうと思っていた。そこでは、蛍光灯のあかりのもとで、常にテレビに競輪中継が映されている。ここでは、競輪しか見たことがない。他の番組が映るのかどうかは知らない。それ以外のときは消えているからだ。そのテレビの前、中央にどんと座って、原稿を書いているのが三男の忠夫さん。忠夫さんは輪転機の担当でもある。競輪場の検車場など現場の取材は元選手で、次男の満さん。満さんは、常に現場だ。そういえば、満さんはナイター競輪が終わり、締め切り時間との闘いで、選手宿舎の浴場に選手を探しに行き、コメントを取るために、ズボンの裾を上げて、浴室のなかにどんどん入っていき、選手にコメントを取るのだと笑っていた。まるで、レースで先行選手のように、どんどん行くようだ。しかし、そうしないと、締め切り時間に間に合わない。

いつ行っても、高橋さんは常に忙しそうだ。元競輪選手の高橋さんはいつも動き回っている。泳ぐのをやめると死ぬというまるでマグロのようだ。仕事は分担しているから、自分のやることは決まっているが、どうもそれ以外の雑用はすべて高橋さんが対応している。その人柄もあって、親しく付き合っている人が多い。高橋さんは、いつも「忙しい、忙しい」「なんもなんも」が口癖だ。実際に、オール競輪にいると、じっと椅子に座っているのは、競輪の原稿を書いているときだけだ。

朝、早い時間にオール競輪に行くと、忠夫さんがひとり、ランニング姿で蛍光灯がそこだけついたいつもの机の前で原稿を書いていた。いつも競輪が映っているテレビは消えている。

「お茶がわりだ」と、いつものように、どこからか急に現れた高橋さんは目の前に栄養ドリンクを出してくれる。忠夫さんの前には、競輪の放送が流れている。その奥には、デーンと輪転機が横たわっている。輪転機は、ただ高速で紙に印刷するだけではなく、それをそれぞれの用途に応じて、印刷した紙をきちんと折りたたんでくれるところまでを行ってくれる。それぞれのオリジナルのやり方ができる。機械から出てきたときには、きちんと並んで、出てくるので、簡単に数も計算することができる。何よりも早い。

オール競輪の作業場にでんと据《す》えられている輪転機。その存在感はかなりのものだ。どこの新聞社でもそうだが、輪転機は会社の財産だ。オール競輪が、こうした立派な輪転機を導入したのには、理由がある。その頃は、競輪新聞はまさに時間との勝負だった。

少しでも早く印刷して、お客さんのところに届けなければいけない。それだけ競輪新聞も売れた。それにしてもかなりの金額なので、決断は大変だった。オール競輪には、二台の輪転機が置かれている。だからなのか、その重さを支えるために、その床の基礎は、「市内のデパートと同じくらい」だという。その巨大さを見ているとさもありなん。それでも床が傾くというから、どれほど重いものかと。

忠夫さんは、時に原稿の手を休めて、輪転機の調子を確認しては、手入れをする。ローラーに水を流したり、ローラーの面を綺麗にしたりと、輪転機の前に屈んで、手入れをしている。どこかが壊れても自分で修理しないといけない。修理に時間がかかると、まったく印刷ができなくなる。「だまし、だまし使っている」という。それにしても、手入れが大変そうだ。忠夫さんは常に原稿を書いて、レースをチェックしている。それで、昼も「ここに弁当を広げて食べたいんだが、忙しいので、おにぎりだ」と、原稿を書きながら食べる忠夫さんは話す。

ファックスがいつも、何かを吐き出している。ここでは三台のファックスから、一日五百枚の競輪の情報が吐き出される。忠夫さんは無口で、時々、思い出したように、煙草に手を伸ばす。机の上は、煙草で焼け焦げだらけだ。その日のレースが終わりに近づき、翌日のレースが組まれると、さらに、忙しく、ボールペンを走らせる。

この日は、夏の函館競馬も開催されていたので、朝の飛行機で空港に着いて、そこから競馬場に行く人も多かった。同じ時期に、函館競輪も年に一度の記念競輪の開催中だった。

オール競輪は高橋さんの父親が創刊した。函館競輪が始まったころから、予想紙を作っている。函館競輪は老舗新聞社だ。

オール競輪は、最初はガリ版刷りの予想紙だった。そのときには、函館競馬の予想紙もやっていた。競馬の予想は「デスタン社」という社名だった。そのどちらも、それぞれが始まったころからのスタートだった。

オール競輪のオールは英語ではなく、フランス語だという。つまり「金」を意味する。オール競輪のその名前は、中央競馬のある馬主のオーナーが、アドバイスした。競馬の予想紙をやっていたときには、社名はデスタン社だった。こちらもフランス語で、自分自身で切り拓く運命という意味である。

その人が、「高橋さん、普通は北海道競輪新聞とかやるだろうけど、あっちの言葉で、オールというのがいいからこれ付けれ」と、向こうで生活していて、ハイカラな言葉がいいからというので、それで、オール競輪、競馬はデスタンという名前になった。

「A4の一枚で、裏表。そのころは売れていたんだよ。親父も好きだったからやったんでねえかな。ここの裏はずっと養鶏場さ。陸軍の軍司令部に、うちは卵を納めていた。軍のトラックが毎日来て、卵を持っていってた。それで終戦になった。軍もなくなって、それで函館競馬をやる、函館競輪をやるということになった」

競馬の予想紙をはじめ、さらに、競輪の予想紙に目を付けた。高橋さんの代になって「早さが勝負」というので、輪転機を導入することを決めた。

父親は「やれる範囲でやれ」といったが、高橋さんは輪転機を導入することを決めた。輪転機の修理も大変カネがかかる。

「しかし、あの頃は、早さが勝負だった。何よりも輪転機で刷ると早く、お客さんが待っていて、オール競輪を買ってくれた。一度、手にしてくれるとそれからずっとだから」

だから、輪転機が良かった。

「親父がまだ生きていたころで、『どうすべえ』っていったら、『やれる範囲でやれ』ということで。選手のときに、俺は飲み食いをしなかったから。ある程度、残していたから。貯めていた金で。あとは銀行から借りて」

その後も、オール競輪には転機があった。

「鉛の活字からコンピューターにするにも良い金額だったんだ」

コンピューターでの新聞製作の道具全部を揃えた。高橋さんは思い切って、やると決めた。そのときは、「やる」と、決めて、「えいやっ」と、やった。それまでは、どうしたらいいかなあ、と悩みに悩んだ。

高橋さんは、プロの競輪選手だった。だから、オール競輪のファンも、元選手だったから、と信頼を寄せる。

今、高橋さんの予想は、展開予想だ。

「昔は力だったから。今はライン競走だから」という。

その上、昔は函館競輪だけをやっていれば良かったが、今は場外発売も多く、ナイター競輪、ミッドナイト競輪と常に何かやっているだけでなく、一日二場発売ということも珍しくなくなった。そのために、予想紙を作り、ミッドナイトでは、紙面だけを作る。ただ、印刷をしないだけで、やっていることは同じだ。作業が終るのは、深夜の二時になる。仕事量が確実に増えている。

「全国、ミッドナイトをやっているところは大変だ。それでも売れればいいんだけどね」

今はお客さんの入場も少ないので経営も大変だ。お客さんが少ないということは、新聞も売れないということになる。新聞製作も、場外発売が多いので、「強行スケジュール」だ。

高橋さんが予想紙の跡を継いだときには、父親の忍さんが糖尿病で、それでも薬を飲みながらやっていた。大変だった。それで、「そろそろ」ということになった。それで親父の跡を継いでやって「やるか」と、選手を辞めてはじめた。当時は、まだ競輪新聞が売れていたということもあって、それを決断した。

「親父も、何十年も新聞作っていて、ここで辞めたというのも可愛そうだしなあ」というので、跡を継ぐことを決断した。それでも、競輪選手の世界と競輪予想紙を作るのはまったく違った世界だった。まだそのころはガリ版だった。オール競輪には専門にガリ版を切る、鉄筆で書く人がいた。疲れたときには、選手の時のことを思い出すことがあるという。ミッドナイトとか、夜が遅いときとかだ。選手のときには、勝ち負けがあるが、新聞作りが大変なときには、選手のほうが楽だったかなあと話す。それでも「こうなったら、とことんやっていくしかないからなあ」と。

競輪選手のときの高橋さんは、気遣いの人だった。地元の函館は、父親の忍さんが競輪予想紙を出していた関係で、もしも自分が函館を走ると予想しづらいだろうと、当時の日本自転車振興会(日自振)のあっせん課に函館にはあっせんしないように頼んでいた。それでも選手が少ないからと誘導員としては函館競輪場を走った。当時、神奈川は選手が多かったが、先行選手の高橋さんが走ると、後ろに神奈川の選手が付いた。「頼む」といわれることが多く、神奈川の競輪場では走りづらく、苦手だったたと笑う。

高橋さんは常にお客さんのことを考える。

「ナイターでも年寄りは、終わってからの遅い時間、帰るのが大変だ」「ガールズは並びが分からないからと年寄りは、『買えない』という。だから、オール競輪も買わないからと。律儀な人が多いよ」と、高橋さんはいう。

もうひとつ、ガールズ競輪について、古いお客さんにとっては、やはりまだ理解していないようで、ルールについても、よく分からない。どうして、コメントがないのだという。

「ガールズ競輪のときには、すまないけど、車券を買わないので、新聞は買わない」という人が多いのだという。だから、ガールズが函館競輪場で開催されるときには、「申し訳ないが、新聞は買わない」というお客さんも多いという。それはコメントがガールズではないからだ。ないというよりも、「前々」とか、「流れをみて」と、決まっている。男の競輪とはルールが違うから仕方がない。

「(走っているのが)女だから、見たいけど」と。

女は何で(コメントを)いわないのか、と。お客さんからすれば、同じ競輪だし、車券を売っているのに、何でいわないのかということになる。

「あれじゃあ、買えねえべ」と。だから、ガールズは男の車券のようには、買えないという。そこがネックになっている。

「どうしてガールズ競輪にはコメントがないのか。それだと車券を買えないだろう」とか。「厭、ルールが」というと、「男と同じバンクを走っているじゃないか」と、お客さんはいうのだとか。古いお客さんにとっては、どうも納得がいかないことのようだ。「あれじゃ買えないよ」ということらしい。男の競輪とルールが違っていて、面白くない、という。

「今の時代、競輪一筋だと大変だ」という。確かに、競輪予想紙を買うほどの競輪好きでなければ、買わない。出走表かスポーツ新聞ですませてしまう。高橋さんの父親の時代からのオール競輪のファンの人がいた。毎日、オール競輪を買ってくれていた。自分が競輪に行かなくても買っていた。それを見ているのが楽しみだったという。そういう人はありがたい。

3　ある日のオール競輪

令和元(二〇一九)年六月二十三日、平成から令和と元号が変わって、函館競輪場は六十九周年の記念競輪で二千人を越えるお客さんが入って、賑《にぎ》わっていた。

オール競輪は、最北の競輪場、函館競輪でも、老舗《しにせ》の競輪予想紙だ。函館競輪場から一・五キロほど離れた場所にあるオール競輪の事務所は、午前十時には、まだひっそりとしていた。この日の函館は、曇っていて、もう夏が近いというのに、肌寒く、ストーブを焚《た》こうかというほどの一日だった。

母屋とは別に、敷地内に、オール競輪の編集と印刷工場とがあり、二階でコンピュータによる整理作業が行われていた。ここで、日々の競輪予想紙が作られている。一階と二階は階段だが、原稿や問い合わせの声のやりとりは、その床にあけた、直径十五センチほどの穴で行っていた。紐《ひも》がぶら下がっていて、そこにクリップで原稿やゲラをぶら下げて、上と下とでやりとりをする。

「はいよっ」という声が下からかかると、筒のなかを紐がするするっと上がる。部屋には、まだストーブが置かれていた。その日の朝、オール競輪の高橋信彦さんは、輪転機の紙ロールを用意していた。無くなった時の備えだった。まもなく、紙切れしそうなくらい、ロールが少なくなっていた。かなりの重さのロールをひとりで動かしていた。いつも時間があると、常に何かをしている高橋さんらしかった。常に忙しなく動いている。自分の席に座っていることのほうが少ない。「忙しい、忙しい」が口癖で、電話の応対でも、少しぶっきらぼうで、それは本当に忙しいからだった。

机の席に座っている時間のほうが、短かった。いつも動いて、何かをしている。初めて会った約二十年前から、高橋さんは、七十七歳になった今もそれは変わらない。競輪のお客さんが減って、競輪は大変だという。今は競輪だけだと会社の経営はやっていけない。会社経営者としての高橋さんが頭を悩ませるところだ。

函館競輪の競輪予想紙はオール競輪が一番古い。かつては、今はもうない「ニッポン競輪」とオール競輪の二紙だった。その後、「北海競輪」が出てきて、三紙だった。その後、「北競」「函館競輪」と出てきて、三紙の時代もあったが、今は二紙だけになった。

「若い人が専門紙を買わない」という。入口で無料で配られる出走表だけの人、スポーツ新聞の人、何も持っていない人、競輪専門紙を横目で盗み見する人、競輪場では、さまざまだ。

専門紙の配送も時代とともに変わった。かつて、高橋さんの父親が予想紙を作っていた時代に、高橋さんはまだ中学生だったが、自転車の荷台に刷り上がったばかりの予想紙を積んで、函館市内に配達した。それをお客さんが、待っていて、奪うように、予想紙を買っていった。だから、中学生の高橋さんは、函館市内を全速力で自転車のペダルをこいだ。札幌など遠くへは、汽車に積んだ。駅に十分以内で行って、駅にもうひとり待っていて、特急の専務に「お願いします」と積み込んだ。

刷りあがったばかりのオール競輪を汽車に載せて札幌まで運んでいた。今ではもう、特急列車にも乗せない。さらには、昔のように、夜持っていっても、札幌ではもう売れない時代になった。かつては午後七時四十五分の札幌行の最終の特急列車に積み込むために、編集と印刷はまさに、時間との勝負だった。午後十時すぎに、札幌に着いて、すぐにオール競輪を売った。しかも、輪転機の関係で、他紙ができなかったので、オール競輪はよく売れた。当時、競輪のお客さんも多かった。今は、これまでのように、函館駅から札幌行きの汽車に積み込むことはなく、札幌に行く深夜バスに積み込み、朝六時に着いた札幌で担当者が受け取り、それぞれに配達する。

「札幌でも新聞は売れなくなった」と、高橋さんは小さな声になった。

父親から経営を引き継いで二度の大きな決断を迫られた。輪転機の導入と紙面編集のコンピュータ化だ。そのどちらも社運を賭けたものだった。巨額の投資が必要なものだった。そこで大きな決断をした。最初、自身で輪転機を導入するときには、それまでの競輪選手としての自身の収入をつぎ込んだ。当時としては、輪転機を使うことで、一瞬で印刷が出来ることから、オール競輪の大きな「武器」になった。しかし、輪転機の購入は驚く額の出資だった。その輪転機は今でもオール競輪で活躍している。

今は新聞だが、日本の競輪予想紙のなかには、雑誌のように、一レースごとにページを組むというやり方がでてきている。レースが終われば、その頁《ページ》を捨てていく。雑誌のようなかたちだ。小さくして、順番に持っていき、帰るときにはすべてを捨てて帰れる。今は新聞ではなくて、雑誌の形態になっているものも出てきている。見せ方の違いだ。

「この大きさの半分くらいで作った。三十年以上前だ」と、今の新聞の半分のサイズを示した。

実は高橋さんの父親の忍さんもかつてその形でやったことがあった。早すぎたのだ。父親の時代は、まだ新聞に赤鉛筆だった。お客さんが付いて来ることができなかった。まさにアイデアの人だった。

「親父がその昔、考えた。ホッチキスでとめていた」

忍さんは読んだところから捨てられる、そのほうがお客さんが便利だと考えた。しかし、お客さんの反応は良くなかった。すぐに、失敗と判断して、元に戻した。

「あまりにも早すぎた」と、高橋さんはいう。

今の時代、ネットで見て、電話投票で買えばいいという若者も多い。

「それはごもっともだ」

高橋さんは、今後は予想紙は減っていくのではないかと思う。だから、経営が困難になっていくのではないかと。

「今のままだと、お客さんはどんどん減っていく。何よりも、ルールの改正で競輪が変わったというが、実際には、お客さんには、何の変わりもない」

お客さんの言葉をどうしても伝えたいのだ。それだけ、お客さんの側に立つことで、競輪を残したいという思いが強いようだ。そこでは何よりも、失格による場合のお金の返還だという。

「お客さんにとっては、ボート(競艇)のフライングによる返還が頭にある。だから、競輪の失格はどうして、返還しないのかという。今は、年金で車券を買っているのか、お金にはシビアで、これまで以上に、そうした声がある」という。「お客さんは、返還されたからといって、うちに持って帰らない。次のレースで車券を買うんだから」という。落車の失格で、自身の車券を買った選手が、ゴールまで行くことなく、車券がパーになってしまって、お客さんが、そのことで、競輪から離れていくのを見ているのだ。

高橋さんが一番気にしているのは、落車の車券のお客さんへの返還だ。「最近、お客はすごいんだ。そこで競輪は変らないと、競輪の発展はない」という。高橋さんと話をしているときに、この話題は何度も出た。


ナイターのはじめは、函館競輪場だった。最初こそ、お客さんは多かったが、やはり帰りの足がない、ということなどから、現場のお客さんは少ない。それでも、電話投票などから売上げが大きくなり、他の多くの競輪場でもナイター競輪を開催するようになった。

「昼間やって欲しい」という年配のお客さんの声も聞こえてくる。

競輪は変わらない。

「まだ続くかどうかは、お客さん次第」だと、高橋さんはいう。「ここまでやったら、とことんやらないといけない」と、高橋さんは自分自身に言い聞かせるようにいった。

「ファンサービスで、競輪場に来るお客さんをいかに呼び込むか」「お客さんが喜ぶファンサービスをするか」「昔は月のうち、十五日新聞を作って、十五日が休みだった」と、かつてを思い出すようにいう。今は休みなく、毎日の新聞製作が続く。

取材に訪れた翌日、輪転機の紙のロールが交換されていた。

「一カ月はもたない」と、話す。輪転機についても「大切に使っている」という。九レースが終わったころ、輪転機の慣らし運転をする。ぐーんという音が部屋中に響いた。二、三分ほど、輪転機を動かす。

レースのメンバーが決まるとそれが現場からファックスで送られてくる。それを見ながら、高橋さんが並びを書いて、展開を予想する。さらに、現場からは、選手のコメントが届く。略して書いているので、素人には分からないが、それを見て、正確な並びとコメントを原稿に手書きで書いていく。高橋さんと忠夫さんで手分けして、作業は進められる。そのスピードはやはり専門家だ。高橋さんは原稿をシャープペンシルで書く。何度か消しゴムで消しては、書く。部屋には、二人の原稿を書く音だけが静かに響いた。予想するときには、集中しているのが分かる。

「はいよっ」と、大きな声で上の筒に向かっていうと、するすると、原稿が筒のなかに吸い込まれる。

「指南番あがっているかなあ」と、忠夫さんが筒に向かって声を出す。「やってなかったかなあ」とつぶやく。締め切り間際になると、新聞社が忙しいのはどこも同じだ。

「見出し、見出し」とつぶやく。

そうしている間にも、筒を通して上からゲラが降りてくる。

ファックスから次々に紙が吐き出される。高橋さんは原稿を書いている途中にも立ち上がって、取りに行く。シャッターを降ろすのは、輪転機がうなり声を発すると、近所にうるさいからだ。すでに、いつでも印刷する用意ができている。

「はいっ、確定。きょうは、早いなあ」と、ほっとしたように高橋さんはいう。

それでも電話がかかってくると「今、忙しいんで」と、すぐに切る。締め切り間際は、仕方がない。スポーツ新聞の綴じ込みの整理、ゴミ箱のゴミを処理する。戻ってきた新聞を整理する。それが終わると、今度は、部屋のすべての蛍光灯をつけてゆく。これで印刷までの用意がすべて終わる。蛍光灯の明かりで、照らされる。作業場はいつもきれいに整えられている。忠夫さんが輪転機をこまめに調整していく。注水したり、輪転機をこまめに動かして、回転部分の手入れをしたりする。このときは、ランニングシャツ姿になった。

午後六時半すぎに、その日の編集作業が終わり、予想紙の印刷にかかる。ここでも全員で作業する。四十分に輪転機に印刷の原版をセットして、カタカタと音がして、回り始める。次第にスピードが増して、一気に加速していく。印刷されたオール競輪がきれいに折られて、吐き出される。

五分ほどで印刷は終わった。午後四時半に最終レースが終了して、落車もなく、終了する。高橋さんはほっとした表情だ。もしも、このレースで落車があれば、またこれまでの予想がすべてやり直しになるからだ。すると、それだけで新聞印刷が遅れてしまうことになる。そこで心配しても仕方がないが、いつもやきもきさせられた。

「こんなもんだべ」と、刷りあがったばかりのオール競輪を手にして、忠夫さんは、声に出した。

微妙なところでは、不満もある。それでも時間との勝負で仕方がない。新聞印刷が終わると、今度はまた輪転機の手入れをする。常に、輪転機の手入れを怠《おこた》らない。それほど気を付けていた。故障したら、大変なことになるので、そのことがやはり一番だった。高橋さんは印刷が終わると、今度は原版のフィルムから焼いた金属のＰＳ版を外して、それを木槌で叩いて、四角に小さくしていた。刷りだしの反故になった紙もまとめて処分する。常にきれいにしている。

中学三年生か高校生のころだという。高橋さんは、印刷したばかりの予想紙を自転車に積んで、函館市内の販売店に持っていっていた。まだ自動車がなかったから、実用車の自転車の荷台に刷り上がったばかりの新聞を載せて、函館市内の主な売店に配達した。それが高橋さんのそのころの担当だった。自転車の荷台に、箱をくくりつけて、雨が降っても、濡れないように、蓋《ふた》を付けていた。予想紙が刷り上がって、すぐに「行けっ」と、自転車を吹っ飛ばした。函館市内の大門や松風町の辺りまで自転車で配達した。夜遅くても、お客さんが刷り上がったばかりの予想紙が到着するのを待っていた。店側もお客さんが予想紙を待っているから、閉めることができなかった。予想紙を持っていけば、瞬《またた》く間に売れた。

売店一軒で予想紙が何十部と売れた時代だった。

「五軒あれば、がっぽりさ」と、高橋さんは笑った。

「行けっ」と、自転車をぶっ飛ばした。それも、かなりのスピードで自転車を走らせていた。「お客さんが待っているから」と。まだガリ版刷りのときだった。そうした自転車での配達が、競輪選手の素質にさらに磨きをかけたのか、高橋さんはアマチュアでの競技会でも活躍した。

「高橋さんは高校の国体のときの成績の資料を読むと、とても強かったんですね」と、質問すると「いいや、そんなことはないよ」と、高橋さんは謙遜《けんそん》した。高橋さんは北海道大会全種目優勝など輝かしい成績を残していた。当時のことを思い出しながら「函館ではなくて、札幌の月寒競輪場でやったから」と、話す。

《月寒競輪場（道営札幌競輪場）　月寒競輪場は昭和二四（一九四九）年に作られた。翌年、第一回札幌競輪が開催された。昭和二九（一九五四）年には、第九回国民体育大会が開催され、多くの日とで賑わった。昭和三六（一九六一）年四月、廃止が決まり、その歴史に幕が閉じられた。その跡地は、体育館やラグビー場となっている。》

函館競輪場で撮影した映画がある。予想屋さんの噺で、昔の施設での撮影で、今あるところではない。高橋さんは、実際には、その映画は見なかったがそのことはよく覚えている。

《映画「硝子のジョニー　野獣のように見えて」「銀座の恋の物語」の蔵原惟繕監督作品の日活アクション映画。宍戸ジョー、アイ・ジョージ、芦川いづみ、南田洋子らの錚々《そうそう》たる俳優が揃《そろ》った。北海道稚内の昆布採りの娘、みふねは貧しくて人買いに売られたが、酌婦を嫌って、逃げ出した。見知らぬ男、ジョーが汽車賃を払ってくれた。ジョーは競輪の予想屋さんで、若い競輪選手と函館へ向かう途中だった。函館競輪場でジョーと再会して……。

芦川は映画「硝子のジョニー」を自身の代表作とあげている。

スチール写真を見ると五〇センチ四方の台の上には傘が差しかけられていて、その下に予想紙が貼られているように見える。台には「一本がきのジョー」「大当たり」の文字がある。》

どうして自転車競技をはじめたのか。

「親父が新聞をやっていたから」という。学校にクラブはなく、ひとりで、最初はだれだったか、競輪選手に聞いて、練習などのアドバイスを受けた。当時、函館競輪場で練習をしていた。実力もあって、国体にも連続五回出場した。当時、自転車競技は人気で、網走南高校のニセの高校生も出たほどだったという。そのニセ学生は高校には通っていなかった。どうしても、競技会に出たかったようだ。それで競技会に行くように合格した。実は、学校にはその名前の生徒はいなかったということもあった。網走の公園で、普通のグランドで大会があった。留萌とか、当時、北海道各地で行われ、どさ回りと呼んでいた。

大学に行くつもりだった。大学の合宿所まで行った。競輪学校十七期の試験を受けて合格した。大学に行けば、カネもかかるし、選手になるかとなった。

「九州では、熊本の松本秀房、愛知では、昌山勝利。兄貴が選手だったたから」

競輪学校に入り、京王閣競輪場やそれぞれの競輪場で練習をした。三三バンク、四〇〇バンク、五〇〇バンクと実際のレースに慣れるために、競輪学校からバスに乗っては、いろいろなバンクに出かけて練習した。

千葉に下宿して、練習した。のちに「輪聖」と呼ばれる白鳥伸夫さんにも世話になった。

同期の茨城、坂本信明に、「来ないか」といわれた。競輪学校の同期生も多かった。一軒家を借りて、練習をした。その頃は稼いでいた。高橋さんの二番目の弟も選手になったので、取手に呼んで、三番目の弟も大学に行かせた。

「親父が予想紙をやっていた関係で、選手が出入りしていて、予想に関してはその人たちに、アドバイスをもらっていた。予想を付けるときは、最初は迷った。自分がプロの選手だったときには、選手の感覚では、一着を取らなければいけないという思いが強かった。それも賞金がかかるからだ。だけど、新聞の予想は違う」

最初のころは、レースもライン競走ではなかった。予想は、見て、父親の真似をして、勉強した。父親の忍さんは、オール競輪を作るだけでなく、函館競輪場で、レースの説明をして、新聞を売ったりしていた。

「親父がレースの説明をすると、お客さんは集まった。予想は親父の勘だったのだろう」と、高橋さんはいうが、なかなか勉強熱心で、忍さんのところには、地元の選手が、「とうさん、とうさん」と、よく遊びに来ていた。みんな忍さんをとても慕っていた。そのときの話を参考にしていたのかもしれない、という。

北海道に道新スポーツができて、「競輪をまかせるからやってけれ」と、競輪面を任されることになった。展望に選手のインタビュー記事を載せた。選手の自宅に直接電話して、話を聞いて、記事を書いた。

「選手の、どこどこで合宿をやった、とかいう記事が載るわけさ。そういう記事がスポーツ新聞にはなかった。そういうのがなかったから、おれが元祖だから。他の新聞にはなかった。選手の電話番号が分からなかったからだ。『北海道の高橋だけど』と、電話した。みんな教えてくれた」と、嬉しそうに話した。

今、高橋さんが予想で心がけているのは、ラインだ。ラインと並びだ。

《**道新スポーツ** 昭和五七（一九八二）年九月一日に創刊。北海道で発行するスポーツ新聞。略称は「道スポ」。特に、北海道のスポーツチームの記事が充実している。その他はサンケイスポーツと提携していることから、紙面はほぼその記事である。》

「競輪はずっと続くと思うけど、お客さんのニーズに応えないといけない」と、高橋さんはいう。

「施行者がいかにお客さんを呼び込むか。やっていることはやっているんだけどなぁ。一定のお客さんには、物をくれるけど、今やっているサービスにはばらつきがあるんだよなあ」

「競輪は続くと思うけど、お客さんのニーズに応えるようなことをしないと（お客さんが）減ってくる」という。自分の買った車券が「失格、落車でゴールもしないのに、車券がパーになった」と、お客さんはいうのだ。このことはやはりどこでも聞くことだ。競輪ファンはそうはいうが、今の現状でも、車券を買うのだ。いくら条件が悪くても、競輪は面白い。だから、競輪ファンは落車で車券を失ったとしても、買い続ける。ただし、いつまでも、落車のときには車券は戻して貰いたいと言い続けるのだが。競輪は今後、若いファンをどう取り込むかがやはり焦点になりそうだ。

予想の仕方も変った。今は展開予想になった。

「競輪は以前は力だけだった。強い先行選手に、強い追い込み選手だった」

競っても、そこは勝負だった。今は弱くても、ライン競走だからいくら個人が強くても、勝敗は先行選手次第で決まることになる。

「その辺が面倒臭せえねぇ」と、高橋さんは笑う。

かつては競輪選手だった高橋さん。「選手をやっていたといっても、古いことだから、今の若い選手には分からない」という。

今後、オール競輪をはじめとした競輪専門紙はどうなっていくか、高橋さんは、東京の競輪専門紙の動向にいつも注目している。

「今はコンビニで、競輪専門紙がプリントアウトできるようになった。だから売店に競輪専門紙の配達がなくなってくるかもしれない」

「パソコンでやって、電話投票でやっている人はそんなにいないとも思う」

高橋さんにどうしても聞きたかったのはこの七十年の競輪の歴史のなかで、「競輪は変ったか」ということだった。「変ったということはねえなぁ」と、高橋さんはいった。「これからは若い人を掘り起こさないと、おれは寂しいなあ」と、つぶやくようにいった。

第四章　競輪が大好きな人たちのこと

1　競輪場のお客さん

競輪場には、いろいろなお客さんがいる。いつの時代でもそうだ。ずっとそうだ。予想屋さんの青木利光のところにもいろいろなお客さんが来る。

「お客さんのなかには、ワイドでいい」という人もいると青木はいう。持ってきたお金を減らしたくないという人もいる。毎日、五千円か六千円を持ってきて、楽しんでいる人もいる。増えなくても、減らなければ良いと車券の買い方もいろいろだ。だから、お客さんごとのそうした癖を知っておかないといけない。

この七十年で競輪はレースも変ったが、お客さんも変った。

青木はいう。

「もう、勝負はしてこない。三連単になってから、難しいから。競輪が難しくなっちゃったんだよね。レースが難しくね。スピードが出ちゃうから。（競走得点の）百点台が二人。九十点台が一人で並ぶと三連単を買う人はそれを買うわけじゃん。展開で三番手まで連れて来れないじゃん。そうしたら、外れちゃう。もしも付いていっちゃったら、いい配当なんだよ。初心者でＡＢＣを買う人とＣは弱いからいらないよといって、ＡＢで三着を手広く買っている人は、二千円くらいしか、確かに付かないけど。難しくてもお客さんがくるのは、競輪が好きなんだよ。お客さんは、高齢者だから、減っている。開催しすぎ。開催していても『ＦⅡはつまんないから来ない』とそういってても必ず来るんだよ。レースの大きさは関係ない。ただ、Ｓ級の若いトップレーサーが出てくると、見に来るね。ＦⅡでやられて、大きいレースはお金がなくなっちゃう。昔は月に六日開催じゃん。川崎（競輪場）六日、花月園（競輪場）六日、平塚（競輪場）六日、小田原（競輪場）六日。他に場外がないからさあ。オレらは毎日やってもらったほうがいいけどね」

今では、競輪場でも毎日、場外発売が行われている。通ってくるお客さんも懐具合が大変だ。

「二十年常連さんで付いていているのは、大変だよ。だいたい、二年だね。二年周期。二年でだいたいいなくなる。二年っていっても、毎日来ている人は一年三百日だよ。ちょこっちょこっとね。『あれ買いなさい、これ買いなさい』という時代じゃない。みんな儲《もう》けようと思ってくるのだけど、目の色を変えて、買う人はいない。昔とは違う。昔とは競輪も変っている。一番、難しい。昔強かった選手で、『今は弱いど』っていっても、お客さんは、その選手の名前で買う。こっちは毎日見てるんだから。今の選手でも、三カ月か四カ月が旬で買いだね。競輪にはオフがないから。四月、五月、六月がピークだったら、七月、八月、九月は落ちてくる。暑くなってくるから。ただ見ている。それだけ。それを頭のなかにインプットしていて。お客さんで、一レースだけ打ちに来る人がいる。いくら買っているかは知らないよ。それなりの良い見返りはくれるけど。それで配当が二百円だろうが、三百円だろうが関係ない。もうさんざんやったんだって。『おれはこう思うんだけど、そっちは毎日見てるんだろうから、どう思う』って」

いろいろなお客さんが青木のところには来る。

「こうこうだと、こっちも商売だからいうと、考えが一致しないと、あっちはクビをひねる。やっぱり、自分の予想のほうを買うけど。きのうは、俺のほうが当った。来なかったら仕方がない。その人は地主さん。お百姓さん。だから時間が自由なんだ。競輪に来るお客さんの職業も変ってきているよ」

青木のところに、来るお客さんは、最初はどうして青木の存在を知るのか。当然、競輪場の現場で見て知る。新しく来る人は、まわりから青木のことを見ているのだろう。

「見てる。小田原は予想屋さんがいないから。青木さんを頼るしかない？　そんなことないよ。自分で買う。車券は自分のお金で買うんだから。じゃあ、お前に乗ってみようと。そう。こっちは自分で買うわけじゃないから、来るか来ないか分からないようなものを教えて、気楽なものでいくんだけどね。向こうは必死だよ。それは昔の競輪だから。今は、ゲームとして遊びに来ているようなものだから。百円二百円の金だから、大穴ばかり狙っているっていう感じ。競輪場に来るお客さんも、年間五百人は減っている。見ていて若い人は増えていないなあ。それでも土日は若い人が来ている。アルコール片手に、和気藹々《わきあいあい》と。そういう人は予想は買わない。『おじさん、(予想は)一回いくら?』って。たまに百円で(予想を)買っていくよ。『どうやって買うんですか』とも、聞かれる。車券の買い方を聞くんだ。まったく素人だ。友達同士で来ている若者はいる。平日は会社に行っているから来れないんだろう。バブルのころなんかは、ワイシャツ着て来ていた」

お客さんも時代とともに変ってきた。それを最前線で見ているのが、青木だ。

「競輪は変っている。毎日見ていても、選手がコメントを出すよね『競り』とか、今の競輪のレースでは競りじゃないよ。スピードが出ていると、もう競る前にいなくなっちゃう。十年二十年前のギア比が小さかったころは、一周二周と競っていた。今の選手は競られたら負ける。今の選手は負けてもにこにこしている。それも時代の流れだよ。今は何着でも賞金もあまり変らないからな。うちの親父たちの時代には、下の選手には賞金は出なかった。だから貸し借りをやったとか。今は一人抜いていくらじゃない。一人抜いて千円、二千円だから。だからって、高額賞金にしても同じだと思うよ。ここで駄目なら次となっちゃう。選手には、オフがない。しかも、ミッドナイト、ナイターと走らされると、体調崩れるよ。選手も大変だよ。昔は考えられない。中二日で来るんだから」

競輪は百円で車券が買える。百円買おうが、百万円買おうが、車券は車券だ。当たるのも外れるのも、金額は関係ない。それでも配当を見ていれば、いくら買っているのかが分かる。機械から配当金が出てくるときに、硬貨の音がちゃりんちゃりんとする。

そうした人のことを青木は「小銭ギャンブラー」と呼んだ。そうしたお客さんもお客さんだ。

青木の数字の強さには、いつも驚かされる。生まれたときから数字に強いのだろうか。

「いやあ。うーん、競輪は一から九までしか使ってないじゃん。算盤《そろばん》もそんなに強くないし、レースの記憶力は頭のなかに打ち込んであるね。日々毎日、台詞《せりふ》みたいに、覚えちゃってるね。選手が一番、多かったころは四千二百人いたんだ。数字に強くなったのは、この商売をやってからだね。弟子入りしてから。それまでは数字のことも意識していなかった。好きなことをやっているからだよ。嫌いで、塾にいってやれっていったら、頭に入らない。好きなことをやって、やっただけ自分のものになるということで、お金になるから。そういう感じでやっていた時代、そんなに苦労はしていない。もう、毎日のことだから、きょうの最終レース何がはいったかというと❽❷❸と。ゴール入ったときに、わっといえちゃうんだよね。記憶だよな」

将棋指しが棋譜を絵として覚えているというのと、同じなのだろうか。どうも青木には数字が映像で見えているようだ。

「そう、それと一緒。ゴールにはいったときの数字って、一着二着三着入るじゃん。こっちは商売のプライドがあるから、たまには間違うけど、お客よりも先に言っちゃう。冷静で、車券買ってないから、見れるんだよ。四コーナーを廻っているときに、分かる。写真判定でも分かる。日々仕事だから数字が強くなったんじゃない。きょう一日の一レースから十一レース十二レースまでの結果は年とともに言えなくなった。昔は全部言えた。一着から三着、二車単、二枠単までの配当は全部言えた。全部、入っちゃったんだろうね。今は何で言えなくなったのか。スマホに出るじゃん。だから言えなくなった。ゴール前のきわどいところは、お客さんは、そう簡単には分からない」

単に、商売だからということだけではないようだ。

「お金につながった？ そうだね、数字に強くなったのは、それかもしれないよ。親父さんとか、師匠に言われたからではない？ 違う、違う。競輪に関しての記憶力はずば抜けている。けっして、頭はよくないんだから。好きなことだったら、意識して覚えようとするなら、入るかもしれない。前は、タイムも言えたんだよ。上がりラップも。先行、だれだれ、上がりラップは何秒、二着はマーク、だれだれ。着差四分の一車輪。三着は、誰々、四分の一車輪。それに対する配当まで言えた。出走表の前日の分があるような感じ？ そうそう。(予想の)台の上に乗って語ってあげるんだよ。今日見ても分かるように、お客さんは、きのうのことを忘れちゃってるじゃん。きのうは、こうだよっていっても、俺らはその記憶力で間に合っているけど、車券を買う人は、そんな記憶は関係ないの。ただオッズとにらめっこで、いかにして取ろうかと。きのう、一着二着に来ても、きょうは一着二着に来るとは限らない。同じ人が廻れば、競輪だけは逃げるからね。だから、数字にそこで強くなっちゃった。修業時代は、『ゴール前で見てこい』と言われるわけ。一着二着を。それで両替屋さんが、誰よりも早く、電卓でぱぱっと配当を計算する。それを親方に手の合図で教える。これは八百屋か市場の合図なんでしょ。親方がそれを紙に書く。お客は『何で、この予想屋さんは早いのか』と、驚く。それが親父からの〝自伝のタレ〟で。親父は、電光掲示板のアルバイトの人に飲ませたり喰わせたりしていたから」

競輪場の広い敷地のなかで、当時は携帯電話もなかった。だから、通信手段は自分の手足や身体を使った。市場や株式市場での手の符丁を使っていた。声が届かないようなところでも、青木の父親の満も弟子たちを使って符丁でお互いに伝え合って、どこよりも早く、お客さんに結果と配当を伝えた。

「それも教わった。符丁があるんだって。今でも覚えている。両替屋さんが計算して、それを教えてくれると、親方が見えるところにいって、伝える。俺が競輪場に行ってたのは十代だけど、昭和四十八年くらいかなあ。競輪場にちょくちょく行ってた。五十四年に、一本立ちしていたから、そこいらあたりからだね。最初行って、青紙貼って、なかの人たちとの接点がないじゃん。完全に分離していて、紙の皺が寄らない張り方とか教えてもらって、画鋲《がびょう》で、貼る。メンバー表を書くわけ。俺はあまり字が上手じゃないから、おっかーが書いてくれていた。メンバー表は右から書いていくと手がこすれて汚れちゃう。だから、九番車から書いていく。あと、墨の垂れる垂れないの水の調合。新聞紙に『氷』という字を書いてみろと。『字が汚かったら、予想もうまくねえ』って。確かに、うちはみんな達筆なんだよ。俺だけ字が下手。だから、俺だけ早くからポスターカラーにした。

うちの理事長、うちのおじさん、達筆だよ。前発表。練習ばっちりとか、特報とか。そういう字だけは綺麗だから。数字はガリ版あるじゃない。あれのプラスチックみたいなのがあって、それでうまく書いていた。だから、予想屋さんの数字は独特じゃない。1、2、3というのは。そういうのから教わった。修業はそういうところから。あとは、ゴール前で、人よりも早く伝えろという感じ。まず、何でももたもたしていたら、怒られちゃうからね」

今では、もうそうしたことも、スマホですべてが瞬時に分かってしまう。

「当時も辞めた人はいた。今でも、うまくやれば喰えるじゃん。今は辞めてるんじゃなくて、亡くなっちゃうんだよ。脚が動かなくなったとか。喰えているなら、辞めないよ。そう、これほど楽なことはないから。だんだん、見返りがなくなってくるじゃん。選手もそうだけど、二十代、三十代で勢いがある選手に、六十代が勝てるわけないんだから」

青木は予想屋さんは選手と一緒だという。しかし、実際には、予想屋さんも経験が必要だ。

「予想屋っていうのは、まわりの人から頼られる立場にいるから。キャリアだけは古いから、納得しちゃうんだね。自分で買おうと思っていて、競輪場に来ていて、『どう?』と聞かれる」と、青木は笑った。

2　予想のお客さんと家訓

「長続きしている人はまともな人じゃないよ。どこで悪いことをしているか知らないけど」

ずっと気になっていたことがあった。

青木利光のところに来るお客さんで、かなりの金額を張る人は、いったいどのくらいの期間で変わるのかということ。いつまでも続くとは思えない。よく、本命党は長続きしないとか、穴党のほうが長く続く、といったことをいったりする。それはごく普通の競輪ファンだが、驚くような額の車券を買う人たちはいったいどのくらいの期間、青木のところで車券の勝負をしているのだろうか。

「十年以上続いていた人がいた。相当お金を持っていたんじゃないかな。半端な額じゃないよ。今でも車券あるけど。家何軒分も。蔵何戸分も。俺が『何でそんなに買うの』っていうじゃん。『いいんだ、俺のカネだから。黙ってろ』とかね。実際には、百円だろうが一万円だろうが百万円だろうが、一緒。一緒に武雄に行って、家一軒分賭けた人は、地上げでもらったとかいっていたよ。自分で苦労してためたカネじゃあない。もっとすごいのもいたもん。朝、八時ちょっと過ぎに必ず電話がかかってくる。

『きょう、いいのある?』って。

『三レースに来なよ』って。それで来るよね。それでボーンと買っちゃうんだよ。帯で。帯って百万円だよ。一つ、二つ、三つ。三百万円をポーンと入れちゃうんだから。そうすると、まだ口で言っていた時代だから、窓口のおばさんたちが大変だった。川崎競輪場で。うちの子供が生まれる前についた客だった。

『お兄いさん、おれ、こういうもんだけど』と、名刺を出した。車屋さんだった。

『穴をそんなに当ててんだから、堅いのわけねえべぇ』って。

『銭持ってんから頼むよ』って。でも、相性が合わない。こっちも意地っ張り、向こうも意地っ張り。だから、駄目なんだ。金額がでかいから、胃が痛くなる。責任がある。どうしても、昔はB級の弱いのを教えちゃうんだよなあ。

でも、あれは買ったよ。すごいよ。平成元（一九八九）年、中野浩一さん（福岡）が平塚（競輪場）でダービートライアルを三連勝したとき、それをやつは取った。平塚（競輪場）の俺の下のところに、五十万円の車券を打つ機械があった。そこにカネを入れて、そこで受取書というのを貰うんだ。職員の人が打ってくれるから。五十万円券が出てくるから早い。車券今でも持ってるよ。本線を百五十万円、おさえが五十万円券、五十万円券だった。それでおさえのほうがきた。本線が来たら、あの頃で千いくらついた。今でもくっきり覚えている。千二百四十円のほうが入った。

『ちょっと待て』って、出ないんだよ。それで俺が払い戻しをしてきて、

『利ちゃん、きょう俺、このレースに三百五十万円使ってんから、これ引くよ、それで一割とってくれ』

だから、たいした金額じゃない。その人は、金持ちだから、うんと取りたい。毎朝、八時に電話がかかってくる。念には念を押す人で、スポーツ新聞を全部買っちゃうんだから。

俺は自宅の電話じゃん。やつは、当時はもう無線の携帯電話持っていたから。それで奥さんに代

わるの。

『青木さん、きょうはうちのに、いくら持たせればいいんですか』って。

『いくらっていっても、いつもと同じでいいですよ』

『いつも三百万円持たせているんですけど。倍持たせますから、よろしくお願いします』

嘘みたいな、本当の話だからね。それも川崎（競輪場）、花月（園競輪場）、小田原（競輪場）も来るんだからね。そういうのでも、数字に強くなったかもしれない。こっちも必死だよ。三回外れると、もう帰っちゃうから。こっちのいうことを聞かなくなる。三回に一回は出てくれないと。それだけでかい金額をかけられると、プレッシャーになっちゃうんだよな。まだこっちも若いから、こっちもこんなの来ないなと思っても、ついつい教えちゃうんだよな。ポーカーフェースだったなあ。取られて泣くようなタイプじゃなかった。取られて泣くコは、どこからあれしているカネだから、すぐに分かる。使い込んでたりとか。新聞に出た人も、お客でいる。警察は来なかった。その友達は来てた。四十年以上やっているでしょ。家がそんな家に生まれたから。怖さも知っているし、内情も知っているから。酸いも甘いも知っているから。裏も表も知っている。みんな話をしていても、大きく言うじゃない。今の言葉でいうと、『盛る』ということ、それも知っているから。話半分に聞いていても、そうなんだよって。

『なしほど怖い物はないから』

『いかさまにあっても、なしに食いつかれるなよ』と。だから、数字に強くなっちゃった」

この言葉は、青木から何度も聞かされた。青木の父親の満との話のなかにも何度も出てきた。まさに青木家の家訓のようなものだ。

「親父はいろいろなことを教えてくれた。俺が訊くんだ。そしたら、答えてくれた。『商売は親方を遠くから見て盗め』と。自分は自分のやり方があるから。俺はこういうやり方をしていたが、おめえは無理だろうからって。『俺が教えてやるから、俺が一人前と見なしたら、休もうが何しようが、勝手でいいよ』と。うちの家訓は、仕事は絶対に休んではいけないと。それで育った」

だから、今でも青木は仕事を休まない。

「車券の数字、一から九までの記憶はすごいね。これがかけ算とかは駄目なんだよ。あしたからは、リセットして、別の数字を入れる。行くと、最終の数字と展開を入れて話す。❹の後ろが競っちゃってさあ、と。バンクが雨だったたし、❶がなかなか行かねえから、❾❷で引っ張って、その後ろの❽がのっかっちゃったよ、と。それで❽❷❸。それで一万ついた。語れるんだよ。日々訓練で、生活になっちゃってんだよ。朝から晩まで毎日、競輪とにらめっこしてんだよ。当んないと、お客さんは塩まいてくれという人がいるけど、俺は一切、験《げん》は担がないから。正月の初詣も若い頃は行ったけど、今は行かない。元旦から競輪が開催しているから。昔は開催していなかったから。大晦日も開催していて、元旦も開催だから。電車も一緒、起きる時間も一緒。うちの家族もいっている。『父さん、いつも同じ時間だね』って。規則正しく。わんちゃん連れて、散歩行って朝ご飯を食べる。五時四十分ごろ戻ってきて。六時すぎに、バスに乗って。休みのときも、同じ時間に起きる。

ただ、日頃と違うのは、朝寝、昼寝をすることくらい。競輪は終ってからも反省で見るから、動画で。他の競輪場のやつも。レースダイジェストを。それもまた覚えてる。仕事が競輪で、趣味も競輪。仕事と趣味が一緒だなあ」

3 競輪カメラマン、福野カメラマンのこと

競輪を撮り続けている数少ないカメラマンのひとりに、福野和幸がいる。フリーのカメラマンだ。ワールドカップや世界選手権をはじめとした国際大会や、国内での大きなレースの撮影を行う。その年は平塚競輪場で、ダービーの開催があった。その前検日、カメラマンの福野の姿は、朝早くから、平塚競輪場の検車場にあった。

選手をテレビ番組のために撮影するためだった。

福野が手に持っているカードには、この日、撮影する選手の名前が約二十人分あった。すぐにその日の番組で使うだけでなく、最終日の決勝レースでも使うために撮影が行われていた。福野の頭のなかには、番組でどのように映像が使われるか、そのイメージが具体的にあった。検車場は、最初こそ静かだったが、次々と選手が到着して、次第にごった返してきた。ダービーは大きなレースで百六十人の参加選手が揃うために、いつもよりも多くの選手が参加する。そのなかでの撮影になる。

福野は、落ち着いて、選手とにこやかに話をしながら、撮影をすすめていた。「なかなか進まない」と、福野はいうものの、さすがにベテランらしく、落ち着いていた。それもまた楽しんでいるようだった。どこまでも落ち着いていて、その動きにも余裕があり、またそれを楽しんでいるようにも見えた。

福野を現場で見ていて、分かるのは、選手が福野には気持ちを許しているということだ。大きなレースになると、前検日に検車場は早朝から出場する選手で、ごった返す。だから、そこで撮影しようものなら、一気に大勢が一人を取り囲むことになる。選手のなかには、それが厭で、時間をずらして検車をする人もいる。狭い場所で、短い時間に記者も自分の仕事をしなければいけないので、あっちに行ったり、こっちで話を聞いたりと混雑も仕方がない。全員を撮影することは不可能なので、当然、決勝に誰が勝ち上がるかを予想しながら、撮影を進めていくことになる。最終日の決勝でのテレビ番組で、前検日の様子を紹介することになるかもしれないからだ。無駄になるかどうかは前検日には分からない。福野には誰が調子が良いのかよく分かっている。

検車場では有力選手の周囲は、すぐに人垣ができる。

ダービーでは百六十人のトップ選手が一斉に検車することになるから、検車場のなかだけでは足りずに、廊下をはじめ、別のところで自転車を組み立て始める。特に、六日制のダービーでは参加人数も多く、混雑がいつも以上となる。それが午前中一杯続くことになる。

福野は、国内の大きなレースでは必ず、前検日から撮影を続ける。それだけでなく、海外の自転車競技にも必ず帯同して、カメラに納める。だから、トップの選手とは気心が知れた仲になる。それだけでなく、福野のその人柄が気を許すことになるのだ。

そして、選手が福野に気を許すのは、福野のその距離感にあるのだろう。これは簡単なようで、すごく難しいことだ。その距離感を一歩間違えると、それで関係はおしまいになる。

福野は、ゴール線上の五センチの差が分かるのだという。審判よりも先に、誰が勝ったのかをゴール後の姿をカメラで追い続けなければならないので、一瞬で判断しなければいけない。選手もそれくらいの差だったら、自分が勝ったのかどうかは分からない。

どのスポーツを撮るのが一番難しいか、ということがよく話題になる。野球のホームランボールを追いかけるのも難しく、さらにゴルフボールはもっと難しいのではないかと。それぞれの難しさはあるが、競輪の撮影はその難しさのトップにあげられると福野はいう。

遠くでのものを追うのはそれほどではない、と福野はいう。F1なんかがそうだ。競輪は自転車が目の前を走るのを追いかける。スピードだけでいえば、競輪よりも、自動車レースのF1のほうが早い。それでも、福野は自転車競技のほうが難しいという。それはF1が遠くを走っているから、追いかけるのはそれほど大変ではないという。

「遠くのものはいくら早くても、写る」と、福野はいう。

福野は、オフの日には、競輪場で競輪を楽しむ。オフの日にも競輪というのは、どれだけ競輪が好きなのかと思う。でも、どちらかというと、競輪が好きというよりも、選手が好きなのだろう。

それと、どうすればさらに良く映るかという研究を続けているのだろう。

福野が競輪とかかわるようになったのは、平成元年の静岡のオールスターがはじまりだった。先輩カメラマンの先輩から「競輪の撮影をやってみないか」といわれたのがはじまりだった。先輩カメラマンからの誘いだった。初めてカメラマンの目で競輪を見て「これは格闘技だ」と、一瞬でその魅力の虜《とりこ》になった。それから三十年、今では、唯一の競輪のムービーカメラマンだ。世界選も福野が撮影する。今は、フリーのカメラマンとして、世界選と国内でのGⅡ以上のレースの撮影を行っている。

「まだ一人前じゃない」という言葉がベテランカメラマンの福野の口から出てくるのは、それだけ競輪を撮影するのが他のスポーツの撮影よりも難しいからだ。だから撮影に満足するということがない。

「昔の選手は転ばなかった。良き時代。見ていても面白かった」と、レースを見続けている福野が少し残念そうにいった。落車が多いのだ。競輪が好きだから、福野の口からは厳しい言葉が出てくる。

福野は、これまで、野球、ゴルフ、テニス、サッカー、F1とあらゆるスポーツの撮影を行ってきた。それぞれのスポーツの撮影は、それぞれの難しさがある。それを認めた上で、福野は競輪が面白いのだという。

競輪の撮影だけでは食べていけないので、ドキュメンタリーのフリーのカメラマンとしても活動している。

「そうした仕事で疲れているときに、癒《い》やしてくれるのは、競輪です」と、福野は話す。

プライベートで福野が買うのは、二車単の車券だけだ。

「三連単は当たらない。ラインでは決まらないから」と、買わない。しかも、予想紙は見ない。競輪場にある出走表だけで予想する。それでいて、「二車単はものすごく当たる」という。

それでも、仕事で競輪場にいるときには、車券は買わない。撮影しているときに、そのことが気になるからだ。休みの日に車券を買うときは、二車単を三点。それ以上は買わない。それは決めている。好きなのは先行逃げ切りのレースだ。車券は、休みのときに、競輪場に行って買う。そのときには、本気で買う。「それが楽しみ」

福野はGⅡ以上のレースを撮影するが、その他のレースについても「S級はS級のおもしろさがあり、チャレンジはチャレンジのおもしろさがある」という。

競輪の撮影は、レース中にスピードの変化があり、難しい。

「簡単だろう」と思っていた福野は最初から打ちのめされる。さらに、ゴール前でのごちゃつきに対応しなければいけない。

パン棒を握ってしまうとゴール前で力が入ってしまう。

カメラ位置が低いほど迫力のある映像を撮ることができる。普通、国内の競輪場では、カメラ位置が決まっている。

テレビの中継でも、二台のカメラで、一台が選手全体を撮影し、もう一台が中心となる選手を追いかける。引きカメとメインと呼ばれる。

カメラで選手を追うときには、カメラのモニターはモノクロなので、ユニフォームの色では分からない。体型とフォームで選手を識別して、ファインダーを覗《のぞ》いている左目と、実際のレースを見ている右目でレースを追いかける。

まず、レースを理解していないとファインダーで選手を追いかけることはできない。なかには、予想を超えたトリッキーな動きをする選手もいる。そこには「想定外」という言葉はない。さまざまな展開を読んでいなければいけない。

「好きだから、努力じゃない」

事前にレースの展開を読んで、そこに現実のレースを見る。当たることもあれば、当たらないこともある。車券の予想と同じだ。

さらに二五〇バンクでのスピードは、「あれは別もの」と、カメラマンの腕の見せ所だ。

そのスピードなら三百キロというスピードのF1レースのほうが早く、撮るのは楽じゃないかと思うが、そこが素人で、F1はかなり離れたところから撮影するので、いくらスピードが速くてもカメラの位置は遠く、それほど早さに困ることはないという。

「六人しか走っていない。点のレースなので、そのスピードについていかないといけない」

福野は世界戦での日本人の活躍をずっと見続けている。

「ゴール線上では、一回、止まっている」と、福野はいう。「カシャッとシャッターが降りる」という。だから、ゴール上でのタイヤ差の勝負が分かるのだという。選手でさえ、自分が勝ったのか、差されたのかは分からないときにも、福野は自信を持って、ゴール後の選手をファインダーで追いかける。その後、場内に正式な発表がある。福野には、すでに結果が分かっている。

福野は世界選手権では、日本人を中心に撮影する。その年の三月の世界選手権で河端朋之(岡山)が優勝としたときには、「鳥肌が立った」という。レースを撮影しながら、「途中で脚を使わなかったから、これは来たな」と、思って撮影していた。その表情までも見えていた。選手自身だけでなく、福野も集中していた。

「緊張しながら撮っている」

福野の一年は毎年、ＫＥＩＲＩＮグランプリで終わる。

「カメラマンには体力はいらないが、目だけはどうしょうもない。ピントが合わなくなったときにはやめる」と決めている。そのときには、カメラを置くときだ。それでも体力は、趣味の自転車に乗って常に鍛《きた》えている。

「ボート(競艇)はまだフィルムの時代に撮影したことがある。競馬は先輩カメラマンについて助手で撮影した。でも、面白くなかった」と、福野にとっては競輪とは違ったようだ。

夢に出てくるのは、イメージ映像を撮影するときに、逆スイッチを押している自分を見て「本番じゃなくて良かった」と思う。

必ずランプを確認する。プロでもそうだ。

「ベテランだから、ミスはない」と思われるが、そんなことはない。ミスをしないために、さらに気を引き締める。福野は酒も飲み、煙草も吸う。

「競輪選手は三十歳までに身体に投資をしないといけない。頑張って身体を作った選手が生き残る」という。福野は、選手の引退レースは、泣きながら撮る。そのときには、過去のレースも思い出すことになる。

「忘れられないですよね」という。競輪レースGⅡ以上のレースすべての撮影をする。全国にまだ競輪場が五十場あったころからだから、「もう二十回り以上している」という。そこでは、勝ち上がりのレースのすべてを撮影する。今ではなくなった甲子園、西宮競輪場のことを語ることができる珍しいカメラマンだ。競輪場に来場するお客さんの数は確実に少なくなっている。

「本場で見るのが面白いんですがね」と福野はいう。「こんな楽しい仕事はないですよ」

取材で訪れる競輪場のある町で、好きな町もできた。

「好きなのは、やはり、うまいもののある町で、そこが好きな競輪場になる」

最後に「競輪の魅力は?」と、競輪を撮り続ける福野に問うた。

「人間が好きだからですかね」と、少し考えてから答えた。

選手は命をかけて走っていると、福野はいう。だから、福野も命をかけて、競輪を撮る。

4　小説家、佐藤正午氏のこと

競輪のことを書く作家は少ない。かつては坂口安吾が「今日われ競輪す」で、競輪のことを書いている。それを読むと、世間がどう競輪を見ていたか。その当時の競輪のことがよく分かる。競輪に対する思いや女子競輪のことにも触れられている。競輪選手や予想屋さんまで出てくる。

しかも、興味深く書く人はさらに少ない。その少ないひとりが、作家、佐藤正午氏だった。競輪のことを書くのは簡単だ。しかし、競輪を知らない人にも興味を持たせるのは大変だ。それができる人はもっと少ない。それには理由がある。それだけ競輪が一般的ではなく、普遍的なものではないからだ。

何よりも、競輪が本当に好きかどうかは、その文章から伝わるものだ。競輪のことを広く伝えるのは、難しい。競輪の本を書くたびに、競輪の本は売れないと、何度も言われた。競輪ファンは本を買わないと。そのお金があったら車券を買うと。

でも、私は佐藤正午氏の本を愛読していた。競輪を知らなくても楽しく読めるが、競輪好きなら、もっと楽しめる。だから、佐藤氏が競輪広報大賞を受賞したときには、当然だと思っていた。しかも、そのときには、この人は一生競輪を好きなのだろうと勝手に思っていた。佐藤氏の競輪以外の作品も愛読していた。

かつて競輪広報大賞という賞があった。競輪に貢献した人や作品を表彰するもので、これには選考委員の人たちがいて、賞を与える。私の本も強く推してくれた人がいて、候補にあがったことがあった。が、受賞するまでには至らなかった。そうした競輪の本も少ないから候補に挙がるのはたいしたことではない。実際に、受賞しなかったということは、作品として評価されなかったということなのだろう。

佐藤氏はこの賞を受賞している。が、その授賞式には代理で担当編集者が出席している。直木賞の授賞式も欠席した佐藤氏だから、当然といえば、そうなのかもしれない。

佐藤氏の競輪について書く文章はどれも面白い。

だから、どうしても、佐藤氏に新聞に競輪のことを書いて貰おうと、佐藤氏が住んでいる佐世保に何回も何回も電話した。電話番号を暗記するほど電話した。留守電に、吹き込んで、数日後にやっと連絡がついた。競輪のことをどうしても書いて欲しいと電話のこちら側から熱弁をふるったが、もう競輪から離れたのでと断られた。そのときには、今はもう競輪から離れているからということだった。それでも、佐藤正午氏の書く競輪の文章が好きだと、伝えることだけは本人に伝えた。本当なら佐世保に行き、直接、お願いしたいくらいだった。もっと競輪のことを書いて欲しかった。とても残念だった。

5　数独生みの親と競輪

そのころは、新聞紙面において自分の好きな競輪をどう表現しようかと毎日考えていた。スポーツ新聞の競輪面は競輪好きな人には、隅から隅まで時間をかけて楽しめるものだが、競輪に興味のない人には、まったく無駄な面だろう。お金を払った新聞でも読み飛ばしてしまう。そうした人たちには競輪の面白さを伝えることはできない。

だから、競輪に興味のない人をどうしたら、新聞で振り返らせることができるかということを日々考えていたように思う。

パズルの数独を競輪に利用できないかと考えたのは、そうしたときだった。競輪の本を書こうと思ったときに、競馬、競艇の本を資料として読んだなかに、競馬の本の関係資料で、ニコリの社長の本を偶然読み、数独のことを考えた。９までの数字で、数独のことがずっと頭の片隅にあった。数独を解けば、予想した目が出るようにする。そんなことを考えた。

数独は世界的なパズルだ。ファンも多い。競輪を知らない人は、そこが入口になれば面白いと考えた。予想すること、数字、パズルを解くこと、いろいろな人がそこには目を付けてくれるかもしれないと考えた。何よりも、数独の「９」と競輪の九人が一緒なのだ。自分でも、目の付け所は良かったと今でも思う。誰も褒《ほ》めてはくれなかったが。

何かを知るということは人間にとってとても重要な欲望のひとつだ。競輪の予想ともどこかでつながる数独の問題を解いて、答えを出すことで、予想を知る。何とも良くできていると思ったのだった。その後、続ける人はいなかった。

6　落語家、三遊亭洋楽《ようらく》と競輪

KEIRIグランプリのことを平塚競輪場で青木利光と話していたときのことだ。
「そういえば、落語家さんの三遊亭洋楽さんはグランプリのときには、三連単五百四通りすべてを買っていたなあ。五万四百円以上の配当があれば良いわけだから、グランプリでは、そういう買い方もある」と、思い出したようにいった。

青木にしてみれば、展開の予想ではなく、まさにそうした車券の買い方は邪道で、競輪予想とはいえないものだが、車券にはいろいろな買い方があり、ひとそれぞれで買い方は違っていて良いと認めていた。そのことも競輪や車券の面白さでもある。

車券の買い方はひとそれぞれだ。百円で買おうが、百万円買おうが、当たったときの喜びは人それぞれだ。そのとき、話にでた落語家、三遊亭洋楽は、先代の三遊亭圓楽の弟子だった。ちなみに、今の三遊亭圓楽は腹黒さで売っているが、かつて洋楽のことを取材させてほしいと頼んだら、断られたことがあった。理由ははっきりとはいわなかった。余談だ。

三遊亭洋楽、本名は、村本亭。

高座では、自己紹介するときには、「太平洋の洋に、圓楽の楽で、洋楽です」と、紹介していた。落語家は、「自分が自分が」という人が多いが、洋楽は違った。引っ込み思案で、人の前に出るのも苦手で、自分から自分を売り込むこともしない。それでも「洋ちゃん」と、みんなに好かれていた。

なかでも洋楽を一番、可愛がっていたのが、兄弟子にあたる三遊亭好楽だ。兄弟子ではあるが、歳はかなり離れている。

「洋ちゃん、洋ちゃん」と、好楽は可愛がっていた。洋楽も好楽を慕っていた。夏には洋楽と一緒に、函館で落語会を行っていた。好楽の家族も一緒に函館で過ごした。兄弟子と弟弟子だから、兄弟会だ。好楽の笑点人気にのって、函館でも多くのお客さんを集めていた。

競輪の話でいえば、好楽の高校の同級生で競輪選手になったのが、勝田義一（引退）で、好楽は、競輪の話になると、必ず、「高校の同級生で、いきなり競輪選手になったのがいたんだ」と、その話になる。ある日、急に「競輪選手になる」と教室から姿を消したという。気がついたら、選手になっていたというのだ。勝田は選手を引退して、競輪学校の教官もやったという。好楽自身は、どちらかというと、どうも競輪よりも競馬のほうが好きなようだ。

洋楽のことに話を戻す。

落語家さんは、年齢を重ねるごとに、枯れていい味を出す人もいれば、ただ単に歳をとってしまう人もいる。はじめて会ったときのことを思い出していた。いきなり会社に電話がかかってきた。最初は売り込みだった。

「ライターをやっているのだが、何か書く仕事があれば」という。「何か書かせてもらえないでしょうか」と。

洋楽は最初からどこまでも低姿勢だった。

自分はフリーのライターで、何でも書くので、仕事はないかという。それまでにも多くの売り込みがあった。だから、そのときには、いつも「間に合ってます」という返事をしていたのだが、そのときばかりは何かが違った。何が違ったのだろうか。海千山千のライターの匂いがしなかったのだろう。当然、落語家さんだということは分からない。直接会って、しばらくしてから、三遊亭洋楽という落語家だと分かった。

そのとき、落語家さんがどんな人種かということを仕事での付き合いも多く、知っていたつもりだったが、同年齢の落語家さんと親しく付き合うことはなかった。というのも、その年齢の若者は、まだ落語家としての修業の途中で、師匠のそばに付いていて、自由に何かできるまでにはいかなかった。

そうして親しく付き合い始めたのが、落語家、三遊亭洋楽だった。

最初は、フリーライターだという触れ込みで、落語家さんにはまったく見えなかった。その当時、もう二ツ目だったのか。前座のころは忙しく、二ツ目になっていたのだろう。今、思い出すのは、落語家らしくない部分だけだ。その落語家は、人見知りだった。珍しい。自分を見てくれ聴いてくれというのが、落語家で、これまでに出会った落語家はそうした人たちばかりだった。それが当然の人たちだと思っていた。

自分でも、その存在自体を消しておきたいというのがこちらに伝わってくるような、不思議な落語家だった。「だった」と、過去形なのは、今はもういないからだ。

洋楽を競輪の世界に連れ込んだのは、実は私だった。

年齢のことは気にならなかった。同じような時代を生きてきた人はどこか、同じ匂いがするもののようだ。ふとした言葉の端々で、そのことは分かる。同じ時代の空気に触れていた。私と洋楽とは北海道と九州と、育ったところは違っていても、不思議と同じものを見て、同じ空気を吸っている。

あるとき、ふと落語家年鑑を見ていて、違うのではないかと思った。実際に、年齢を詐称していた。後で聞くと、どうも兄弟子とのことがあって、年齢を詐称して言っていたことが分かる。それも洋楽の優しさからだった。兄弟子に年齢のことで気を遣わせたくないからだった。世間によくあるようにただ単に、「若く思われたい」ということではなかった。普通、年齢を偽るのは、女性に多く、事務所が「若く見せたい」ということが多い。だから、洋楽も、そうしたかったのだろうと思ったが、聞いてみると違った。落語家は、入門した順番で、先輩後輩の順番が決まる。年齢は一切関係なく、後に入った者が下になる。洋楽は社会人を経験して入門した。だから、他のお弟子さんよりも歳をくっていることになる。だから、自然、先に入った年下が先輩だったりする。そこで洋楽は、兄弟子たちが気を遣わないように、年齢をごまかしていた。

ある時期、落語家は、ムーン村本の名前で、占い師としても活動していた。どこにそんな才能があったのだろうか。洋楽自身の独自の占いだという。独学で研究して、書籍も出版していた。洋楽の占いの本のことは落語家たちにもあまり知られていない。落語の本だったら、みんなが話題にしたかもしれない。洋楽が書いたのは、占いの本だった。器用なところのあった人ではあった。それで、自分で占いを作ってしまった。確かに研究熱心でもあった。占いの本はそこそこ売れるのだという。一冊もらったような気もするが、覚えていない。自身を売れるかどうか占ったらどうだと笑ったことがある。ムーン村本という名前を持っていた。村本というのは本名だ。その名前のように月が影響を与えるというのがどうも洋楽の占いの基本だったようだ。

洋楽は、いろいろなところで、爪痕は残していた。小倉の競輪祭に出かけて行き、地元の人たちとも知り合いになっていた。地元の子供に、「寿限無《じゅげむ》」を教えたりしている。競輪選手の間でも、「洋楽さんが」と、話題に出たりする。

洋楽は、競輪とはまったく関係がなかった。

あるとき、親しくなった洋楽が「自転車を買おうと思っている」という。洋楽に、「そういえば、仕事で日自振(日本自転車振興会)に行くと、そのビルの一階に自転車が飾ってあるから、安く手に入るんじゃないかな。一度行ってみますか」と、誘った。競輪の元締めだから、自転車業界とは当然、深い関係にあって、自転車の一台や二台、どこかに転がっているかもと。いきなり日自振の広報課に行って、洋楽を紹介して、世間話をした。まだまだ私自身も競輪には詳しくはなかったころのことだ。そのときは、恥ずかしかったのか、買いたかった自転車の話にはならず、逆に洋楽にラジオ番組のキャスターの話が出た。近くラジオ短波の生放送で毎日、競輪の帯番組を始めるので、やってくれないかということになった。

そこでは、洋楽の人柄を表すように、自分ひとりでは、何かあったときにみんなに迷惑をかけるのでということで兄弟子と一緒にやることになった。

競輪に次第に詳しくなっていった。そこではさまざまな車券術が検討された。そうしたところは、とてもマメで研究熱心な人だった。独学で占いを研究するくらいなのだから。

洋楽が出した結論は、一番人気の車券を倍、倍で買っていくというものだった。これには大きな欠点がある。だいたい一番人気の車券で決まることはほとんどない。そんなことは、競輪ファンならだれもが知っていることだ。だから、一番人気を倍々で買っていくとすぐに大変な金額になる。大金持ちでなければできない。そのことは、落語家の元祖といわれている、曽呂利新左衛門の噺でも、よく知られている。曽呂利新左衛門は堺の鞘師から身を起こして、豊臣秀吉の御伽役として出世した。

「一文の金子《きんす》を元にして、縁側の障子の駒の数に準じて、倍増しの勘定を下げ渡してくれ」と、望みをいう。

「たった一文銭か」と。しかし、実際には、すぐに大変な金額になることが分かり……。

洋楽も落語家だから、そんなことは先刻承知だと思ったが、「いやあ、これがなかなか大変で、貧乏人には無理無理」と分かる。なかなか一番人気はでることもなく、その金額がすぐに大変な額になってしまう。この必勝法は、すぐに駄目だと分かった。

その後、洋楽は函館に戻って、三遊亭洋楽の名前で、函館市議会議員選挙に立候補して、初当選する。先代の圓楽は洋楽の当選を「洋ちゃんのことを先生と呼ばなくちゃいけなくなったよ」と大変喜んでいたという。地元の活性化について、いろいろと活動していた。

競輪場でも落語を披露したが、議員活動と落語家活動との間で、悩みもあったようだ。いつの時代も、いろいろなことをいう人がいるものだ。

新しくなった函館競輪場で洋楽の落語会を行ったことがあった。立派なホールで、落語をやるにもちょうどよかったが、自分が市議だということで、市の開催する競輪ということもあり、そこでは、その後、落語会をするのを洋楽自身が厭がった。落語家の名前で政治家として活動しているのは厭で、そこははっきりと線を引きたかったのかもしれない。性格として少し杓子定規なところがあった。洋楽はそうした少し融通のきかない性格だった。

ある時期は、その頃流行っていたデイトレーダーとして、朝の数時間、株か何かを熱心にやっていたようだ。私が札幌支局に勤務していたときに、札幌に遊びに来て自宅に泊まったときには、一緒に支局に出社して、洋楽は「少しだけパソコンを貸してほしい」といって何かをやっていた。

その人柄は落語家という職業には珍しく、「自分が自分が」ではなく、控え目だった。簡単にいえば、欲がなかった。どこかはにかんでいるような表情で、かといって藝に関しては、「歳をとったら、名人になる」といっていたように、なかなか花開くことはなかったが、じっくり聴いているとその人柄をあらわすように、落語も良かった。そのときには分からなかったが、あとになってから、残された音源で洋楽の噺をじっくりと聴くと驚いた。良いのだ。すごく良いのだ。もっとその高座をしっかりと聴いておけば良かった。

どうも気になって、あるとき、連絡をしようとしたが、電話もメールも通じなくて、いてもたってもいられず函館に住む人に洋楽の自宅に行ってもらった。そして、自殺していた事実を知った。

その後、函館に洋楽の墓参に行った。洋楽の自宅は北斗市にある。墓は、その自宅のそばだった。墓には自身で付けたと思われる戒名が刻まれていた。その中には東遊という字が入っていた。まさに、上京して落語家として浮世を遊んでいた洋楽にふさわしい戒名だと思って、涙が溢《あふ》れた。

7　友川カズキさんと同じで私も「競輪が病気なら、生涯、治らないでほしい」ひとり

東京・大手町の大きな書店で、本を探していたとき、競馬の本がずらっと並んでいるのに、競輪の本は一冊も見えないことに気付いた。麻雀の本、パズルの本はあるものの、競輪の本はここでも見当たらない。これまで四冊の競輪の本を書いたとき、毎回いわれたことがある。

「競輪ファンは、競輪の本は買わない。そのお金があったら、車券を買うよ」と。今でもその言葉が頭から離れない。

競輪が好きな人は競輪場に行けば、佃煮にするくらい、いくらでもいるのだが、競輪で人生を語れるのは、この人だけだと思うのが、詩人で歌手で画家の友川カズキさんだけだ。友川さんは競輪が人生であり、人生が競輪だといってもいい。競輪を中心に人生を動かしている。

友川さんと競輪のことを撮った映画『どこへ出しても恥ずかしい人』の試写があった。約十年前に撮ったものだ。そのころ、夕刊フジに競輪のコラムを書いてもらっていた関係で、一緒によく飲んだ。ずっと競輪の原稿はＦＡＸで送ってもらっていて、それをパソコンで打ち直して、入稿していた。ＦＡＸの原稿は、手書きの味のある文字だった。万年筆で書いていたのだとずっと思っていたが、今回、映画を見ていて、友川さんが夕刊フジの原稿を書いているというときに、鉛筆を削《けず》って、芯を長く長く尖《とが》らせて、川崎のアパートで原稿用紙に書いていたことを知った。独特の文体で、競輪が好きで競輪に命をかけているのが分かる文章で大好きだった。

この映画のなかでも友川さんは「何かに酔ってなければ人間じゃない」という。競輪に対する姿勢は当然だが、こうしたひとつひとつの言葉に、魅力溢《あふ》れる人だ。映画は、約一時間ほどだが、ずっと笑いっぱなしだった。試写室で声を出して笑ったのは久しぶりだった。映画のなかのよく知っている川崎の友川さんのアパートもとても懐かしかった。そのころ、友川さんが座っていた畳の部分が破れていたので、その一畳分をみんなで替えたいといって、怒られたことを思い出した。これが気に入っているんだと言われた。やはりその申し出は友川さんに失礼だった。

その映画のなかで語られている弥彦競輪場での大勝ちしたときは、一緒にいた。帰りの電車のなかでずっと酒を飲みっぱなしだったのは私といたときだった。そのときのことは、映画のなかでは短く語られるだけだ。実際には、こうだ。

弥彦競輪場にいたのは、友川さんは、競輪番組の収録を兼ねていた。私はその様子を取材して記事にするためだった。収録が終わって、スタッフは引き揚げたが、まだ競輪を楽しみたい友川さんと一緒に競輪場に残った。しかし、それまでに手持ちの軍資金を使い果たしていた友川さんは、弥彦駅前まで行き、「夕刊フジの原稿料が入っているはずだから」と銀行のＡＴＭで預金を下ろして、再び打ち始めた。

本場のレースは終わり、場外発売のしかも最終レースで、最後の最後に大穴を当てた。もう競輪場には、ほとんどお客さんはいなかった。

大喜びして、友川さんは場内の警備員さんにまでご祝儀を渡そうとしたのがおかしかった。それだけ嬉《うれ》しかったのだ。帰りの新幹線では、酒盛りが東京駅まで続いた。途中の新幹線への乗り換えのときに、燕三条駅で、秋田の実家にも電話を入れて、奥さんに、競輪で勝ったからお金を送るからと話していた。恥ずかしそうに、私にそう話した。友川さんの愛妻家の一面を見た。

何よりも、印象に残っているのは、その夜、川崎のアパートに戻った友川さんを電気が止められていた不幸が襲ったことだ。電気代を払い忘れていて、止められたのだ。私のところに電話がかかってきた。当時、夕刊フジの競輪コラムを友川さんに書いてもらっていて、翌朝の締め切りのための原稿を書かないといけない。

「ロウソクをともしてでも書いてください」と、私が電話口で冷たくいうと、「お金はあるんだよ」と、さっきの大穴を当てたお金のことを思い出させた。

競輪が毎日の生活になっている。競輪が生活という言い方ではなく、競輪が人生だ。まさに、競輪が人生となっている。これまで、競輪場で多くの人を見てきた。そこでは、自分の流儀で、競輪を楽しんでいるのを肌で感じていた。

博奕《ばくち》について、『浮世物語』には、博奕は、中国の烏曹《うそう》という人が囲碁を始めて以来、金銀を賭けて勝負を行うようになったのが始まりだと書いている。

友川さんが競輪が好きなのは、筋金入りだ。生活の中心に競輪があるのは当然で、自身の子供たちにも、競輪で人生を教える。友川さんは『競輪生活』『ぶっちぎり』という競輪の本も出している。そのどれも面白い。

友川さんの車券は基本、大穴狙いだ。だから、競輪生活も長続きしているのだろう。よく言われるのが、本命党は短命だということ。少ない金額で儲《もう》ける穴狙いのほうが長く楽しめるのだという。映画のなかで、最後に大金を手にする友川さんを見ながら、やはり競輪は穴狙いか、と思っていた。

その友川さんが作った、競輪に関する歌が数多くある。友川さんの歌を聴いていると競輪が好きというよりも、人生が競輪そのものなのだとわかる。

すべてが競輪とともにあるのが、友川さんだ。

「もしも競輪が病気なら、治らないでほしい」というほどで、そんな人はこれまでに見たことがない。

「何かを成し遂げるには、何かを諦めないといけない」と友川さんはいう。人間は欲張りだから、その通りだと思いながら、私も売れない競輪の本の原稿を書き続けた。友川さんと話していると、いつもそうだが、一言一言が心に響く。

8　輪友・中田さんのこと

「理想は競輪で喰えること」と、冗談をいったりする。賭け事で喰っていければ、と考えている人は多いかもしれない。が、世の中はそんなに甘くはない。競輪で喰っている人は、いったいどのくらいいるものだろうか。

　そのことが気になって、いろいろな場所で、その話をして、競輪で喰っている人を探したことがあった。その前に、車券を当てるためには、どうしたら良いか、ということで競輪を考えたときに、誰が一番車券を当てるのに詳しいか、ということで、さまざまな人を訪ね歩いた。番組課長なら、自分で番組を組むのだから、当たるだろうと。その前の段階の当時の日自振のあっせん課の担当者にも取材した。選手宿舎で選手に一番親しく接するおばちゃんなら、選手の今の状態が一番分かるのではないかと取材を申し込んだりもした。

しまいには、地面師と呼ばれる、競輪場に落ちている車券で当り車券を間違えて捨てて、それが拾えないかとも考えたが、かつては至る所に棄てられていた車券も、すぐに掃除の担当者が綺麗に片付けて、ゴミが落ちていない競輪場になってしまった。お客さんの去った競輪場での掃除まで取材した。そこで分かったのは、競輪には、極秘情報はないということで、結論は、やはり自分の予想で身の丈に合った車券を買うのが一番だということだった。

それでも、その過程で、車券で喰っている人に出会った。世間では、そういう人のことを車券師という。その筋金入りの競輪ファンは、電車の定期券を持って、会員制車券売り場「ラ・ピスタ新橋」に通っていた。ここでは会員になると、一日に三場ほどの競輪場の車券を買うことができる。今の時代のように、ネットで手軽にどこからでも買える時代は、三十レースもあれば、自分のスタイルに合ったレースを選ぶことができる。そこにお金を賭ければ良い。しかし、実際にそれを商売とするとやはり大変だということもよく分かる。

競輪が毎日の生活になっている。生活という言い方ではなく、まさに、人生となっている。これまで、競輪場で多くの人を見てきた。そこでは、自分の流儀で、競輪を楽しんでいるのを肌で感じていた。

競輪ファンは、さまざまだ。

「競輪は難しい」という声を聞く。

古い友人の中田裕二さんは、競輪歴はすでに二十年以上になる。父親が競輪が好きで、一緒に出かけていた。今でも、真剣に競輪と取り組んでいる。競輪で、黒字になるのが目的だ。そのために、細かな計算を行う。実際に、今でも競輪では黒字だという。それだけでもすごいことだ。よくいわれるのが、「競輪で蔵を建てた人はいない。蔵をなくした人は一杯いるけど」と、競輪場で笑い話になることがある。

競輪好きは、選手が走っていたら、どんなレースでも買いたくなる。ただレースを見ているだけというのは競輪ファンには辛い。競輪ではそのことを「見《けん》」という。車券を買わずに、レースを見ることだ。なかには見《けん》をするのは良くないという人もいる。自分の運の波を見るためにも、車券を買い続けることが必要なのだという理屈だ。どちらが正しいのかは私には分からない。車券を買い続けている人はただ、好きだから、買い続けているようにも見える。

中田さんは、儲《もう》かっているひとりだ。黒字になっている。

それはかなり難しいことだ。ただ車券を買い続けていたら、絶対に黒字にはならない。よくいう必勝法とも違うようだ。

中田さんの理論は、競輪車券の控除率が二十五パーセントというところから考えていて、百三十三パーセント以上の利益を出すことからスタートする。そこまで考えている人は少ない。それでいて、一日に何レースもやるのではなく、このレースというレースを選ぶ。これだというレースを選ぶ。そこでどの配分で車券を買うかを決める。かなり細かな計算の上で車券を買う。最終的に、黒字になるためには、どういう配分で車券を買わないといけないか。しかし、基本は予想が当たらないといけない。

中田さんは父親と一緒に全国の競輪場に出かけている。当然だが二十歳をすぎてから、車券を買い始めた。そのときから、どうすれば黒字になるのか研究を続けている。競輪は必ず勝てるわけではない。最終的に黒字になれば良いというのが、中田さんの理論だ。レースごとに一喜一憂する競輪ファンのなかではとても珍しい。そのために、パソコンを駆使して、細かな数字を打ち込んでは、競輪を研究し続けた。そして、自分のスタイルを見つけた。

競輪ファンはとても勤勉で、どこまでも研究熱心だ。

9　私の大好きな競輪CM

これまで競輪のコマーシャルは数多く作られてきた。時代とともに、時代を映す鏡でもある。コマーシャルは何を表現するか。単にイメージアップなのか。どうか。何かを知らせるものか。記憶に残るということはどういうことか。その面ではこのコマーシャルは一度見ただけで、記憶に残るものだった。

あるお城の廊下で、武士たちが、雑巾《ぞうきん》がけをしている。次第にヒートアップして、その競走は激しくなる。競輪のライン競走を思わ競る走りで、最後の直線でさらにヒートアップする。最後に勝つのは、ちょんまげの差で、殿様の立派なちょんまげがゴールを切っていて、一着というもの。ユーモアの面では、これが一番だ。名前が付いていて「雑巾がけ編」となっている。

競輪は、一般に受け入れられていないと業界では感じていた。そのために、イメージアップの作戦だった。若い女性を使うということで、身近な存在をアピールした。若い女性タレントを使って、アピールをした。中村あずさ。それは、競輪を一般の人たちの間に浸透させようと狙ったものだった。

競輪のイメージ・アップでは、トップの競輪選手を前面に出した。ライバル二人、吉岡稔真と神山雄一郎が走る。それだけでも競輪ファンは、しびれた。

静かな中に、それぞれの人生が見えてくるようだった。何よりも、その音楽が競輪とは違うイメージを表現した。

競輪のコマーシャルで、競輪のすべてを表現したのが、これだった。

「勝利とは何だ」。現役の選手を使ったところでも異色だった。

競輪が一般には受け入れられないというのがあったのかもしれない。そのために、まずは家庭に入ることができるように、女性タレントを使ったり、お笑いの人たちを使うことから始めた。それぞれの時代に、それぞれの苦労があった。しかし、さまざまな人たちが、それぞれの思惑で作っているから、一貫性はない。選手を取り上げたり、お笑いに走ったり、はたまた若い女性のイメージに頼ろうとしたりした。それが成功かどうかの判断は難しい。競輪は選手が商品だ。その商品をP

Rしなければ駄目だという基本はそのころには忘れられていた。本来は、そこに一番の魅力がある。それをいう人がいないのだろう。

競輪のCMというと、すぐに思い出すのが、かつて広告代理店にいて、今は政治の世界にいった、横手晃さんのことだ。大手広告代理店が仕切っていた競輪のCMの世界に、まるで裸で竹槍《たけやり》で向かっていくような戦いを始めたひとりだ。その人柄と商売ではなく、競輪がどれくらい好きか、競輪の世界をどれだけ多くの人たちに知らせたいかというエネルギーに溢《あふ》れていたから、応援したくなった。

今でも競うように、テレビで公営競技のコマーシャルが流される。今はもう、中央競馬、ボート、競輪という順位が決まった感じだ。量では中央競馬に圧倒される。最初から失敗するために、CMを作るわけではない。

当然、そのときの最高のものを表現しようとする。しかし、そこで力を持つのは、広告代理店だ。いつの時代も、広告代理店の思惑が大きく左右してしまうのは同じようだ。

第五章　競輪花咲か爺さん

1　予想屋さんの予想を予想するのが趣味

「趣味は？」と訊かれると、「落語と競輪。競輪も予想屋さんの予想を予想すること」と、答えることにしている。日本全国、どこの競輪場に行っても、予想屋さんを見ているのが大好きだ。それでも、昔は、どこの競輪場でも、予想屋さんは必ず何人かいて、お客さんも、その周辺に集まっていたから、私のような見知らぬ男がひとりそこにいても目立たなかった。今は、予想屋さんの姿もほとんど見ることがなく、お客さんも予想屋さんのまわりに輪を作ることもなく、ぼーっと立っているると、目立って仕方がない。

どこの競輪場の予想屋さんでも大体、予想の前発表をするから、その予想屋さんをしばらく見ているると、その人がどんな予想を書いているのか分かるようになる。だから、その予想屋さんが次のレースは何を予想しているのか、その予想を予想するのだ。その予想で車券を買うわけではない。ただ、予想屋さんの予想を予想することはお金のかからない悪い趣味だ。しかしそれは、何よりも競輪の勉強になる。自分の勝手な予想とは違い、そこでは、プロの予想が展開されるのだから、予想屋さんの予想を予想することはとても勉強にもなった。

「親父(青木満)は、体も大きかったが、声も大きくて、花月園競輪場の坂の下から上がって行ったら、(予想が)当ったときには、もう声が聞こえたというから。どの辺にいたか知らないが、すごい大きな声でやっていたんじゃないの。おじさんたちに聞くと、(予想屋のなかでも)親父の商売は群を抜いていたというよ。良い意味でも、悪い意味でもね。良いことは一杯聞いているから、話半分でも。作っている話じゃなく。お客さんが六人残っていれば、全部違う目を教えるとか。こっちの人には❶❷、❷❶。こっちの人には枠で❸❹、❹❸。こっちには枠で❸❺、❺❸、❺❻、❻❺と教えて。そうしたら、誰かしら、車券は当る」

予想屋の青木利光は、予想屋さんだった父親の満のことをそう話した。

満のそうしたテクニックは当時、予想屋さんのだれでもが行っていたかどうかは分からない。それでも、誰に、何を教えたかということを覚えていないと、実際に当たったときに、ご祝儀を回収することができない。

「うちの親父からは、『穴は目で買うのだから。穴は選手で買うんじゃないよ』と教わった。だから、今でも新聞に(暦を使った予想の)印は付けている。でも、あまり入らない。関係ないよ。昔の人は目で買う人が多かった。朝、一レースが終ってから、『おはよう』って来る。一レースは、❶❻が出たよと、二レースは❷❺が出たよというでしょ。そうすると、三レースは、待ったなしで、❸❹、❹❸だって。サイコロの目なんだ。それで入るんだよ」

世の中には、理屈では説明できないこともある。

「昔の人は❶❷、❷❶が本命対抗になったら、❺❻、❻❺がくるとか。偶然かもしれないけれど、『騙されたと思って買ってみよう』と。今の人はあまり言わないが、『出目を教えてくれ』という人はいるよ。何でか分からないが、百円で大穴が取れるからかなぁ」

よく競輪場でいわれるのが、「オッズはお客さんの総意」ということ。

オッズを見ているだけで楽しい。本命になるということはお客さんの大部分がそう思っているということで、堅く収まると誰もが思っているから、安い配当になる。だれも分からないから、穴となるのだ。青木は常に、いろいろな展開予想のパターンを用意している。お客さんから何を言われても、すぐに答えられる。そこはやはりプロだ。

「だから、教わったのは、サイコロを持ってきて、❶の後ろは❻だぞと。松垣さんがいったように、競輪は枠で❶❻、❻❶が年間を通して、日本で一番多く出るんだよ。❷❺、❺❷。❸❹、❹❸だよって。『サイコロの目だよ』って。『❶❷からじゃないの』っていうと。『違うんだよ。❶❻、❻❶だぞ』って。出目っていうのも、結構、奥が深いよね」

今でも青木は必ず、一日の予想を始めるときに、競輪専門紙に、まず暦を書いて、それをレースに当てはめて予想をはじめる。それはずっと続いている。

「どうして変えないんですか」と、青木に訊いたことがある。

「当るから。親父が紙に書いてくれたの。『こうやって(予想の目は)だすんだよ』って。でも、親父に弟子入りしたわけじゃないから。よく一緒にオートレースに行ったりしたときに、付いていってたから、そのときに教わった。『俺が太極に入っているから、来ないから』とか、太極とかいうんだよね。そうすると、本当に、来ないんだよ。絞ると来ない。来ると頭だから。運勢が強いとか滑ったとか。だから、逆に信じる。それが全部当てはまるかというと、当てはまらないけど」

それをどこで利用しているのか？　青木の予想は基本は展開予想だ。

「今はそれをただ、書いているだけ。お客さんに、『別に穴ねえか？』といわれたときに、『これがいいんじゃないの』って。すぐにいってあげる。自分で出した予想をお客さんは買うわけじゃない。展開で。『もしも、これがない場合、利ちゃん、何になるんだよ』と訊かれたときに、すぐに、親父が使っていた目で、『ああこれだ』って。それがたまに来るんだ。でかいのが」

不思議だが、そうしたことが勝負の世界では、たまにある。だから、競輪は面白いともいえる。奥が深いともいえる。

「昔、川口オートに親父と行ったんだよ。高校生の頃。❶❻というのを買い忘れたんだよ。それが来た。すごいんだよ、親父のファンが。みんなを連れていっていた。自分で研究して、みんなに『先生』と呼ばれていた。『神様』って。予想屋さんのまわりにぶんどっちゃって。それは自分の信念だから、予想屋さんいるじゃん、その予想屋さんも一目置いちゃってるんだ。親父は取り巻きが多かった。みんな、『青木さん、穴なら何』って。オートレースの場合、タイムじゃん。だから、よっぽどのアクシデントがない限り、大穴っていうのは出ないんだよ」と、青木は、まるで、そのことをつい最近のことのように話す。それだけ印象が強かったのだろう。

《**オートレース**　昭和二五(一九五〇)年十月に、船橋競馬場内の専用ダートコースで船橋オートが初めて開催された。オートレースの一競走の出走数は八車で、一周五百メートルのコースを規定の周回走行して争われる。選手間の技量の差があることから、レースの大半がハンデレースとなっている。レースの前には試走が行われ、枠番順にコースを三周する。最後の一周は全力走行が義務付けられていて、お客さんは競走車の調子を見る。オートレースのそもそもの目的は、国産オートバイの品質を高めること、技術の水準をアップさせることにある。最高時速百五十キロで、コーナーにも九十キロで突っ込む。しかもブレーキはない。オートレース場は全国に五カ所ある。》

「川口オートの阿部光雄選手というすごい、全戦全勝の強い選手がいて、あるとき、その連勝が止まったんだよ。親父のグループがその車券をみんなとったんだよ。それから『神様』と呼ばれるようになった。『買っといた方が良いよ』というので、買っといたんだ。親父はオートレースが好きで、川口の開催のときには絶対に行ってたよ。もう、予想屋を引退して、川口で不動産屋みたいなことをやっていた。東京に住むっていったんだよ。俺がまだ小学校か中学校のころ。俺が『厭だ』っていって、親父は向こうに通っていたんだよ」

《阿部光雄　元オートレーサー。引退。新潟県出身。六期。川口オートレース場所属。かつて、川口四天王と呼ばれた。》

「人に教えるときは、どんなものでも教えられるけど、自分で（車券を）買うときには、守りに入るから。絶対に買っちゃ駄目だって。仕事中はね。

『お前の、いつ当るか当らないか分からない予想をね、買ってくれるファンがひとりでもいるんだから、お前が休むと、その人が行って不安になるから、絶対に休んじゃ駄目だ』と。うちの親父は百円払って、競輪場に入ってくると百八十度、人間性が変る。人に聞かれると、教えたくなるの。みんなが仲間内で集まってくるだろ、『これ何がいい』とか。『これこれこうだ』というと、その人も競輪くわしいだろうから、『そんなの来るわけねえよ。穴ならこれだ』って。それで来たら大変だ。教わったら、百円でも買わないと。あのでかい声で。あとあとまでやっていた。俺の台のそばにきて、昔取った杵柄《きねづか》で、絞って、うまいとこ教えるんだよ。そうしたら、信じるじゃん。次にも『親父さん、穴なら何？』って。買ってないと、当るとすごいんだよ。自分では買ってねえんだよ。人に買わせるんだ。だから、『教わったら、買っておいたほうがいいよ』って。うんと研究熱心で、人一倍努力しているから。好きだったから、最後まで研究していた。

オートレースでも、顔見世のときに、『あの選手は外を廻って、おしりをぷりっと振る』とかさあ、それを見抜いていた。やっぱし、根っから好きなんだよ。

大穴を取って、トラック買った人もいるでしょ。いってなかった？　どこかのお坊っちゃんで、千円券で買っちゃったとか。間違えて。親父が教えた目で。

それは川崎競輪の売店のおじさんも、おばさんも、いってた。それが当って、『この売店にいてくれ』と。すごい金額だから。『レース終るまで預かってたのよ』って。その子も、危ないからって。もってきたら、おじさん、好きなだけお礼するっていったんだって。みんなもらったって。それまでもらったことのないようなお札を貰ったって。あの頃の千円券なんて売れてないじゃない。落車があったか何かで、大穴が当ったって。学生服着てたとか。その人が次から競輪場に来たら、もう食事代は取らなかったとか。

『どうぞ、食べてください』って。すごかったって」

今でも青木のところに、父親の満の代から通う常連さんがいる。満の昔のことを教えてくれる。

「小田原の干物屋の若旦那は親父の代からのお客さんで、この人も競輪にお金を相当使った。『親父さんは（予想が）うまかったよ』っていってた」

青木は、照れたように、父親のことを話すときには、父親のことを「仙人」と呼んだりする。満は以前は大食漢で身体が大きかったようだが、私が平塚競輪場に通って満の話を聞いていたころは、躯《からだ》も小さく細かった。だから利光のいう「仙人」という雰囲気がよく分かった。

2　どうして予想屋を商売にすることにしたか

「いろいろと商売をやっていた。パブをやっていた。順調だったけど、自分でバンドをやって、高い機材を買って、失敗したから、借金の返済をしなけりゃいけなくて、自分ですきなことをやったからさあ、親方に『やればいいじゃないか』といわれた。予想屋は資本がいらないから、儲かると思っていた。ガキのころから見ているし、みんなが派手に遊んでいるところを。うちには、お弟子さんも常に三人はいた。親父は全部で六人兄弟で、親父は次男。兄弟のうち五人が予想屋になった。一人だけアルバイトをしていたが、養子に行った。その人が一番『バイ』がうまかったと聞いた。話すと、お客さんが、ばあっとたかってきたとか。大学を出ていた。同じ百人いても、台の上で話を始めると、そのお客さんが前屈みになるか、後ろに引くか、落語家さんでも違うように、同じ噺をしても違う。

百人が集まって、さあ、いよいよお客さんを落とすという時に、うちの理事長はうまいんだよ。自分で落語を聴きに行ったり、研究したんじゃないの。バナナのたたき売り、七味とうがらしからはじまって。香具師《やし》のバイだよね。で、ここ一番のレースで人が入ってきそうな六レースのときに、『このレースに力を入れるから百枚から百五十枚、余分に押しとけ』って朝、いって、それは本命対抗で決まる簡単なレース。ここ当るから。毎回、六レース。朝から待っていた六レース。赤く枠を付けて。展開が壊れなければくるレース。普通の予想は百円だけど、それだけは二百円で売る。二点か一点しか書いていない。自分のレースを各自、個性があって、やっていた。二年間、そこで修業した。台の下でやっていた。辛くはなかった。要領が良いから。払い戻しに行ってきますと。一万円札ではなく、千円札におばさんに頼んで、両替してもらって、『何だ、この千円札は』って、『いや、ないって言われたから』と。そのほうが祝儀を貰いやすいから。十二年間、店と並行してやっていた。朝の豆腐屋は二年間で辞めた。バブル当時の稼《かせ》ぎは凄《すご》かったよ。教えられないくらい儲《もう》かった。みんなそうだよ。先輩がたも驚くほど。

だけど、みんな使っちゃうんだよ。残してたら、家が建つ。みんなどうしても、日銭が入るから、派手に使う。明日になれば、また同じだけ入るんだと思うから。その繰り返しだから」

良い時代だった。それだけ競輪場にお客さんが入っていた時代だった。だから予想屋さんも儲かった。

競輪場の予想屋さんの予想台は全国で違う。決まったものがあるわけではない。お客さんから見えやすいように、台の上に立って、口上を語るのが一般的だ。なかには、黙ったままの予想屋さんもいる。賑《にぎ》やかな人もいる。人それぞれだ。ほんの五〇センチほどの高さだが、そこに上るまでには、それぞれの苦労がある。

その高さは、青木には思っていた以上に高かった。それよりも、お客さんの目が青木を射た。想像していた以上の威力で青木を射た。

「最初に予想の台に乗ったときには、脚が震えたね。最初は親方の裏に台があった。そこに乗っけてくれた。デビュー戦は、二千円台の配当が四、五本当った。すごかったよ。運も良かった。親方が『代われ。俺が売ってやるから』って。すごかったよ。次の日の朝、『一日いくらですか』『いくらですか』って来るんだ。とりあえず、予想を押していたから、千円ですって。初日は売れなかったが、ただ、当った、当っただけだと落とせない。売ってないから、その見返りも少ない。ただ、当ったからって、見に来て。フォローしてくれたのは、親方の常連さんで、デビュー戦だからって、買ってやるよと、その見返りがあった」

青木は予想屋としてのデビューは川崎競輪場の記念開催の桜花賞で前の日に、師匠から「明日から（予想台に）乗って良いよ」といわれた。

つまり、それまでの修業を終えて、明日から予想屋として一本立ちしていいよと認められたということだった。

予想屋になるためには簡単ではない。予想屋さんに弟子入りをして、そこで修業をしてからやっと一人前と認められて、台の上に立つことができるようになる。それでも簡単に喰えるわけではない。まさに実力の世界だ。

当たっても、怖いから、何も言えなかった。今の青木からは想像も出来ない。その前に、親方の手伝いで、下にはいたから、場内に人が入っている様子も分かっていた。

「喋れないよ。下だから喋れるんだよ。ステージにのぼったら、どきどきして上がるでしょ。その前に、平塚競輪場などでは、親方が朝、来る前にちょこっとは乗ってた。前の晩もよく眠れた。今でも忘れないけど、親方の常連さんが一杯いるから、『今日からか』と、お祝いをくれた。『買ってやるよ』と、予想を買ってくれ、車券も予想にのってくれるといわれた。

何も知らないから当たるんだよ。無我夢中で予想するから。初日だったか、二日目だったか、東京の大川稔っていう選手が走っていて、それを当てたんだよ。穴だった。いくらだったかなあ」

《**大川稔**　宮城。四〇期。昭和五二(一九七七)年十一月にデビュー。平成二二(二〇一〇)年九月に引退した。通算二千六百九十五回走り、優勝四十八回。一着は四百五回だった。》

「二千円くらいが続けて当たったんだよ。もう大騒ぎ。当てたらみんなが予想を買いに来る。慌てちゃって、それで親方が『代われ、代われ』っていって。『何やってんだよ』って、親方からいわれた。

喋っていても、お客さんは集まるが、予想は売れない。それをよく覚えている。

あの頃は、記念も前節、後節があって、前半はA級戦なんだよ、S級じゃないからA級が出る。青紙をぴしっと貼って、それまでに親方のを貼っていたから、それは慣れたもの。予想の気があるところに枠を書いて。喋れるようになるまで時間がかかる。予想は紙にスタンプで押した。最初は少し押しておくが、お客さんから予想の注文があるごとに押した。それが遅いんだ。下で(スタンプを)押しているときは、親方が『(予想を)百枚押しとけ』といわれたら、すぐにできるけど、自分のときにはなかなかできない。それでも慣れるまではすぐだった。

親方に、『お前はお客さんの目を見て喋るから怖くなるんだ』といわれた。『お客さんを見ないで喋れ』と。陣を焚いてからガツガツ売るんじゃなくて、じらすんだという。『そんなのできるわけないじゃん』って。下で教わっていて、見てるから分かる。『そうじゃないんだよ。ここで売っちゃあいけないんだよ』と、親方に言われたが、そんな余裕があるわけないじゃない。すごい人数がこっちを睨《にら》んで見てるんだからさ。若かったから。前発表すると、他の予想屋が『あいつは新人だから字が汚え』とか。向こうは、面白くないんだよ。二十六歳で乗ったじゃない。

昭和五四(一九七九)年にライセンスが降りた。まだ、仮登録だった。『駄目だ、正規になってから』といわれた。ライバルが増えるし、台は一杯あったから。だから、乗って一回、台から降りたこともある。二年間、下働きをやって、親方が『乗れ』といってくれた。

朝、親方が来る前に、一レースか二レースのB級のレースに乗った。それで親方が来て、交代する。そして、ライセンスが降りたから、裏に乗っていいよって。まだ競輪場に五十人の予想屋さんがいた時代だから。俺が入ったときは、ライセンスは百十八番だった。それで場所が決まってるじゃない。うちの一派にお年寄りがいるよね。腕が良ければ、台に乗ってくれって、ほんの煙草銭でね。それで親方に、『乗ってくれ』っていわれたけど、親方が『乗っていい』って、いわないと勝手に乗ると怒られるから、『そういわれるのは、たいしたもんじゃないか。じゃあ、乗ってやれ』

って。

そうしたら、今度はその横の人からクレームが来るんだよ。『こんな若い人に来られたらたまんねえよ』って。当たると『近火見舞いです』って、煙草銭を渡す。常連さんが流れてくる。親方のお客さんも流れてくる。それでも、すぐは抜けない。

予想屋はそんな甘い商売じゃない。そのうち、抜けた。坂本勉がデビューしてきたころかなあ。花月園も最初いたのはバック。三人いたんだ。それからこっちの表に空きができたから、代理で。最後は、横浜ダービーのときから、一コーナーにぶんどった。バックにもお客さんがいたので、予想は売れたよ。インパクトが強かったらしく、売れた。

予想を売るとき、『お待ち』っていうのがある。このレースは自信があるとなると、お客さんをできるだけたくさん、呼び込むわけだ。昔の用語でいえば、『練習ばっちり』とか、見てきたようにいって、お客さんの気を引く。それが六レースころだと、お客さんが一番来る時間だ。そのときに、ここで当たれば、後半まで引っ張れる。そのときに、陣を焚くんだが、競輪の話ではお客さんが集まらないから、他の話をする。中山律子さんのボウリングの話とか。それは勉強しているけど、いざ自分でやるとなるとできない。

だんだん声を小さくすると、お客さんが前に集まってくる。啖呵売《たんかばい》だから大きい声だと喧嘩売《けんかばい》というんだけど、叩いて大きい声を出して、露天商だから、各自、それぞれのやり方がある。バナナのたたき売りみたいなもの。それを親方に教わった。親方は、唐辛子《とうがらし》の売り方で、勉強した。そのときに、親方が、あの人はうまいからというので、勉強に行ったりした。

『あれの売《ばい》がうまいから見てこい』と、いわれて、見に行ったり。

朝売《あさばい》ができる予想屋とできない予想屋がある。朝売というのは、十時の開門と同時にお客さんが、入ってきて、一日分を売っちゃう、それが朝売なの。後は当たっても当たらなくても良い。いい加減な時代だったから。朝売も、

『この選手とこの選手は小さいころ、幼なじみだった』とか。

そんな情報はないよ。嘘だが、今は兄弟弟子だとか、出るじゃん。昔はそんなの書いてないじゃん。

『同じ中学で、こっちは転校してきた』とか。

自分で作って、お客さんに、きょうはこれだと。

『黙って買いな』と。お客さんは信じるんだ。落車の診断書だって、昔は出てないんだから。予想屋さんが『朝練習出てなかった』といったら、お客さんは、信じるじゃん。

『何で出てないの？』

『いやあ、血圧が高い』とか。

オレは朝練は見てない。朝練見ていた他の予想屋さんに事務所で聞くの。

『これとこれとこれ、今日出てねえぞ』って。

朝練習に出てこないのは、気合がないって。そのことは関係ないらしいよ。もうひとつは、練習

の見方というのは、一番最後まで乗っている奴は気合が良い。最後に他の選手がいなくなって、もがいたりする。他の選手のいなくなったバンクで、自由にもがくからだ。まだやっているというくらいやる。調子が良いから練習をする。もうそのころ、競輪場に来ているから見てるじゃん。早い時間はいなくても。ただ、隊列を組んで、ぐるぐる走っていてもね。関係ないよ。

お客さんも、そのころ、予想屋さんがいえば、信じちゃう。まだそんなに情報がないころだから。親父もうまかったらしいよ。親父の下のおじさんで、うまいのがいるんだよ。声もどら声だから。中野浩一がすごい強いときがあっただろ。そうしたら、『中野はどうして強いか知っているか』っていう。

『ベアリングがダイヤモンドだ』っていうんだ。これには騙されたよ。だから、ぶっちぎっちゃうって。普通のベアリングって分かる？　グリスで、玉が十個くらい入っている。グリスも良いグリスを使っているから、埃《ほこり》が付かないっていうんだ。他の選手はミシン油みたいなものを使っているから、拭くのに大変なんだって。昔は自転車の後ろに、埃が付かないように、ひらひらがついていた。

何でも信じちゃうんだ。今でも、何かいうと、お客さんは聞きたがるけど、予想を買わないから、喋らないんだ。何の意味もないじゃない。場外が多くなってからかな。

前発表するから、予想が当たれば買いには来る。

当たんないのに喋ったって、お客は聞かないよ。新聞に全部出ているのに、お客は聞かないよ。

調べてくるから。暇人が多いから。よく調べてるよ。それでも百円出して、予想買うから。それはなぜかって？　良い思いをしているからだよ。予想屋さんに買う目を絞ってもらいたいんだよ。

昔は売れたからな。前は、百円玉をある程度の枚数になると紙に包んで銀行に持っていってたが、最近はやらないでしょ。それだけ少なくなった。場外だから。本場のＦＩだったら、予想も多少は売れる。それに日曜日だったらね。朝、まとめて売っちゃう。一日の予想は千円の人もいれば、二千円の人も、五百円の人もいる。朝、売っちゃうほうが楽じゃない。値段は決まってないんだ。一回百円、一日分五百円で売っているけど、予想屋さんによって違う」

3　車券の自由　予想の不自由

青木利光が生まれて初めて、競輪を見たときのことを話す。

初めて競輪を見たのは、小学校の頃。おじさんに連れられて今でこそ、青木の職場になっている平塚競輪場に来た。そのときが初めてだった。

「競輪行こう」と誘われた。最初は、「何やってんのかなあ」というくらいで、子供にはまったく分からなかった。それでも、平塚競輪場に行ったということは、はっきりと覚えている。実家がどんな商売をやっているのか。父親の仕事のことは知らなかった。

「お前のおじさんたちは、こんな商売をやっているんだよ」って、そこで初めて、青木は予想屋さんを見た。

「みんなだみ声で。よく家に来ていた。がらがら声で、みんな浪曲子守唄みたいな声で」

お年玉はたくさんくれるし、会えば小遣いもくれた。そのイメージだけだった。

「小学校五、六年のころかなあ。（イギリスの乗用車の）アストンマーティンのおもちゃを買って貰ったことがある。高かったんじゃないかな」という。当時の予想屋さんは景気が良かった。

当時、競輪場には予想屋さんとして、正規に台を持っていた人と、そうでない「立ちコロ」と呼ばれる予想屋さんがいた。それほどお客さんも多く、予想屋さんも商売になっていた。

「後で聞いたんだけど。まだ腕力もなく、持ち台がなく、場内の丸い柱に紙を貼り付けて、ミカン箱の上か何かでやっていた、いわゆる闇屋みたいな予想屋さんもいた。人が多いから、それでもやれたんだよ。いわゆる立ちコロっていっていた。自分の持ち場所がないから、立ってコロコロ動くから。それで、鉛筆で予想を書いて、予想のメモを売ればいいんだから。まだ赤鉛筆で書くのは良いほうで、普通の鉛筆で書いていた。小学校、中学校、高校のときに、行ったからね」

父親の満がどれくらいカネを儲《もう》けていたのかは、まだ幼い青木には分からなかったが、覚えている光景がある。のちに青木の予想屋の師匠になる叔父さんのことだ。

「よく親方が夜中に帰ってきて、胴巻きのなかからカネを出して数えていたのを覚えている」

毎晩、飲みに出かけては、朝方、三時四時に帰ってくるという生活だった。それほど稼《かせ》ぎがあったということだろう。

「死んだお袋がいっていたけど、『お父さんが行かなくなって、つぶれたお店がある』といっていた」とも。青木の父親の満も驚くほど稼いだひとりだ。

「うちのお袋のお兄さんは、小田原競輪の売り上げの三分の一を買っていたというからね。今でも知っている人がいるよ。『ヤマセイ』という左官屋さんで。熱海が大火事になって、大成功した人で、職人さんも五百人くらいいたとか。肝硬変で熱海の病院に入院していて、死ぬ三日前まで、タクシーで競輪場に来ていたといってたなぁ。伝説の人だといっていた。四十二歳で死んだと聞いたよ。『ヤマセイさんが来て、車券を買うと、配当がない』と、周りの人がいっていた」と、青木はいう。

まさに伝説の人だ。やはり青木一族の競輪好きはその血筋かもしれない。

「うちにも競輪選手が優勝トロフィーを持ってきてくれて、それをうちの親父は町内のレクリエーションに出してあげていた。周りの人たちが、『お前の親父さんが寄付してくれたんだよ』とかいっていた。昔の古い家の押し入れには、そうしたものがいっぱいあった。小学校のころ、見た記憶がある。裏の物置とかに。よく、うちに寄ってってから、レースに行ってたと。選手は、いろいろなところにトロフィーを寄付していた。旅館やってたから、泊まっていってた。小沢文太さんとかと仲が良かった」

《**小沢文太**　期前。昭和五四(一九七九)年八月に引退。神奈川所属。》

「この話は、百人のうち百人が知っている話だから。うちの親父は友達と二人で、後楽園競輪場に行ったときに、特券で買ったといったかな、写真判定になって、枠で❻❶になったといったかなあ。そのときには車券を取り替えなくて、少したってから取り替えた。昔は、周りは、掏摸《すり》やそうした人たちが一杯だったからって。取り替えて浅草に寄った。時計と鰐皮《わにがわ》のベルトを買った。ステレオとテレビも頼んできた。すべて現金で払ったとかいっていた。それでうちには、テレビとステレオがあった。近所の人たちが、みんなプロレス中継を見に来ていた」

青木満は、花月園競輪場で練習している選手に話しかけた。同じ姓の青木一という選手だった。

「今度、どこを走るんだ」

「後楽園です」

満には閃くものがあった。練習の様子を見ていただけで、選手の調子の良さが分かった。後楽園競輪場に出かけて、青木選手を買った。青木選手は十一番車だった。そのころの後楽園競輪場では、今とは違って十二車立てのレースが行われていた。青木選手のいる❻枠から全て流して、さらに裏も買った。持っていったお金だけでは足りずに、顔見知りの両替屋さんからも借りて、青木選手の車券を根こそぎ買った。青木選手が来た。青木選手に絡む車券は全て買ったので、二着にはだれがきても良かった。二着は写真判定で、❶だった。買った車券が三百四十万円になった。友人と二人で買ったので、百七十万円ずつだった。

不思議なところで後楽園競輪場の文字を見た。あるとき、古書の雑誌を見ていたら、そのなかに後楽園競輪場の文字が目に飛び込んできた。何だろうとそのページに戻ってみると、「百万人のウエスタン・カーニバル」のパンフレット。昭和三三（一九五八）年七月十九日に後楽園競輪場で行われたものだった。山下敬二郎、平尾昌晃、ミッキー・カーチスの懐かしい名前が出ていた。今のドームライブのイメージなのだろう。懐かしかった。

「どうやって金を作ったか知らないが、親父が家を建てたのは二十四歳のときで、一度は用意していた材木をおじいさんが売っちゃって、もう一度買い直したというんだから」

満もその父親も伝説の人らしく、どちらも大物だった。

「そのおじいさんというのが『昭和の小原庄助さん』といわれた青木政七だった。おじいさんは、その金を持って遊びに行ったらしい」

青木利光のおじいさんは最後までそうした人だった。

「親父（満）はクラウンの黒塗りに乗ってた。それで大事故を起こした。あまりそういう話はしなかったなあ。花月園で声が大きくて、『満っちゃんが帰ってくるから、シャッター閉めちゃえ』っていわれてた。商店街のおばさんがよくいってた。やっぱり声が大きかったらしい。花月園でも、坂を上がっていく前から声が聞こえていたというくらい。当たると、みんなで裸になって、戸板にTシャツを貼り付けて、大騒ぎしたらしい。何でも早かったらしいよ。電光掲示板の担当者を手なずけて、配当を書いて、みんなに伝えた。頭が良かった。ラーメン十杯食べたら只だった。そのときに、『悪いからカツ丼食べて、払ってきた』とか。最初は体が大きかったが、その後、病気をしてからは痩せた。最初は選手になりたかったんだから。だけど、結核があったから、駄目だった。

『何で予想屋さんになったの？』と訊いたら、花月園のところに、ロイド眼鏡の何とかというおじさんがいて、予想屋をやらせてくれといったら、『いいよ』『やれ』と。何回も通って、弟子になったとか。そのころ、予想屋さんは五人しかいなかったとか。会社が倒産したあと、それまでくず鉄拾いをやってた。花火がなったとか。競輪の開催のときには。それでつられて見に行ったとか。鶴見だから」

青木にはこのときの花火のことがとても興味を引いたらしく、それからも何回も、花火のことが話題に出た。

「お前の親父はでけえ声だった」と、青木は、満のことを知っている人によくいわれた。満は昭和三七（一九六二）年で、予想屋をやめていたから、利光が予想屋になるときには、師匠にはならなかった。それでも晩年はよく平塚競輪場にも来ていた。自分でも予想屋をやっていたから、つい予想を人に教えたくなるようだった。

晩年の満は自分では堅いところをポンと買っていた。一日に何レースも買わない。基本はやはり予想屋さんで、他人の財布で勝負するのが常だったと利光はいう。

「人に買わせるの」と。

利光が満に「売れねえな」っていうと、「昔は千人しか入っていねえんだ」っていった。「最初はそれくらいだったんだって。それから増えたって。だから、今は幸せだ。一万も二万も入って。オレにやらせてみろ。何でもいいから目立たないと駄目。人と同じことをやっても駄目だ」と、自身が競輪場でやっていたことがあるから、満は予想屋という商売にも自信を持っていたのだろう。

「文房具にカネかけるな」というのも、満は利光によくいっていた。

「だから封筒も半分にして使っていた。『メモなんか買うな、もったいない』って。『広告を切れ』って。本当だよ。わら半紙を切って、封筒に入れていた。順番に、違う目を教えるんだから、だれかしら当たるよ。それで文句いわない時代だったんだから。『お茶漬け』やっちゃうんだから。余ったのを売っちゃう。足りなくなったとき、『捨てんじゃねえ』と。違うレースの予想を売った。それを『お茶漬け』っていうの」

青木満の最後の弟子がいた。

「前の日に翌日のメンバーを書かされて、『お前は遅いから』と、書かされた。みんなは遊びに行って、『オレは留守番だった』と、よくいっていた。それも書き方があって、一番車から書くと、手が汚れるから、九番車から書くんだ。弟子は五人いた。メモ書きが二人いたといっていた。予想は十円の時代。十円札。お袋がいってた、銀行で、風呂屋さんと間違えられたって。親父は電車もただだったっていうからね。切符切りの人が親父のファンで、鶴見や藤沢のね。顔パスだったとか。娯楽がなかったからかもしれないけどね」

満に関しては、まさに伝説の人で、そのエピソードは次から次と出てくる。

「親父から教わったことは何もない。年代が違っていたから。オートとか競輪は一緒に行ったけど、教わったことはないなあ、ただ、『売れないんだけど』といったら、『(お客の)目を見て喋るんじゃねえ』って。じらして売れとか。現場で実際に見ていたのは、おじさんたちのこと。そのころは、三百円の特別だっていって売っていた予想が飛ぶように百枚売れるんだから。車券が当たる当たらないは別だよ。予想が当たったら売れるのは、馬鹿でも売れる。予想が当たんないで、売れるのは超一流だって。だから、喋り。あとは落としどこ。『お前、がつがつ売るんじゃない、じらすんだよ』とよくいわれた。待ちができないと駄目だ。今の時代はもうどうしようもないね、これだけ便利になったら。現場に来なくても、映像でみることができる。寒いところに来なくても良い。家でゆっくりと一杯やりながらというのになっちゃう。予想屋のこの商売、もう駄目でしょ。おれはずっとやりたいよ。でも自然消滅かな。良い時代はずっと続くわけはないけど、年とともに、こんだけ悪くなるとは思わなかった。このまんま歳とって、家賃はいらないから、喰ってはいける。競輪のアドバイスをしていけば、一対一でも来てくれる人がいれば、足腰が丈夫ならね。予想屋の平均年齢は若くないから、若いのがいないんだから」

青木は、今の予想屋の商売をはじめるときに、絶対に車券を買ってはいけない、と厳しく教えられた。だから、今でも青木は車券を買うことはない。

——車券を買ったのは、いつが最後ですか?

「いつかなあ。花月園だったなあ。もう親方に弟子入りしていたときで、まだ一人前じゃないとき。台には乗っていなかった。今でも忘れられないよ。四十三回生の千葉の廣瀬來(千葉・引退)。正月開催だった。まだ窓口は枠で❶❷から、札がぶら下がっていたころだ。何となく❷❺か❸❹できたので、次は❶❻か❻❶だと閃いた。親父のいう出目だ。❶❻を買って、❻❶に走った。前のレースが終った後、親方に『トイレに行く』といって。小遣い程度で万シュウだった。出目だった。次は❶❻、❻❶かもと思った。それは絶対に忘れない。ご祝儀を渡したよ。走っていって車券を買った。千円札で買った。滝澤(正光)さんと同期」

思い出すことはさまざまだ。限りなく青木は競輪のことを思い出す。まるで際限なく砂浜に波が押し寄せては返すかのようだ。いつまでも留まるところを知らない。

「好きなことでメシくってんだから、楽しいじゃゃん。それでストレスはない。当らなくても、自分が走ってるんじゃなく、選手が走ってるんだから。かあちゃんと一緒になって、デートといえば、『川崎競輪か花月園競輪に行くど』って。まだ予想屋になる前で。儲かれば、うまいメシを喰って、映画を見て。やられれば、ご飯ぐらいは喰って、帰ると。凝り性だから、何でもやったよ。競馬や競艇も連れて行ってもらったけど、やっぱり面白くないね。お客さんが違うね。競輪にはドラマがあるじゃない」

青木は、その他の競輪場で気になる予想屋さんはいるのだろうか、といつも思っていた。

「気になる予想屋さんはひとりいたなぁ。伊東の競輪場だった。永遠に喋っている人がいた。気温とか。この時間だけ体感温度が低いとか、風が冷たいとか、すべったとか。『この人は研究してんなぁ』と思った。重いバンクは風が冷たいんだという。『よく知ってんなぁ』と。けっこう当ってたよ。たまたまいて、お客さんがたかっていたから見てた。『この人は上手だなぁ』と思った」

青木が急に思い出したように、「お金のことをどうして、おあしっていうのだ」と、私にいった。どうも、気になったらしい。昔から、お金は人の足のようにいろいろな人のところに動いていくから、だという。他にもいくつか説があるようだが、この説明には、変に説得力がある。「それでもお金はやって来ないなあ」と。金は天下の回りものでもある。

予想屋さんの商売は、このお金に直結している。青木と話をしていて、いつも思う。お金に関しては、とてもシビアな世界だ。

競輪そのものの面白さは当然だが、その先にあるのはやはりお金の魅力だ。予想が当たることでお金を得ることができる。誰もその魅力に抗《あらが》うことはできない。そのお金を少しでも増やそうと助けを求めるのが、予想屋さんだ。自力では限界がある。そこで一番先に頼るのがスポーツ新聞の情報だったり、競輪専門紙だったりする。さらにその先に、予想屋さんがある。

4　競輪の格言が予想にどう影響するか

「地元記念は三割増し。こないだ『利ちゃん、何でこんな弱いの教えるのか』っていうから『だって地元だもん。邪魔しないよ、みんなは』と」

平塚の予想屋さんの青木利光のことを頼ってくるお客さんは、青木の話を真剣に聞く。そのひと言ひと言がそれこそ、お金に直接つながっていくからだ。競輪のお客さんの面白いところは、どんな小さな情報でも、それを大切に宝物のようにすることである。その情報が本当かどうか真実かどうか分からなくても、自分で大切に持ち続けるところがおかしい。

競輪にはさまざまな格言がある。なかには、誰が言い始めたのか「競輪とストリップは前々」という少し色っぽいものもある。競輪はやはりそうだ。前々のほうが有利になる。なかなか面白いことをいう。

このところ気になっている格言が「強い先行選手の番手から」だ。この言葉は昔からあるようだ。ライン競走になる前から、強い先行選手がレースを作るのは変わらない。当然、その番手が有利になる。番手を取り切ることができるかどうかだ。その頃は、競輪選手に、キャッチフレーズがあった、と青木はいう。

「たとえば、お客さんが来て、選手を渾名で呼んだり、「井上茂徳さんでも『苦しいときの井上さん』といったりした。世界の中野さんだって、九着は生涯四、五回しかない。今の選手はそんなことはないからな」と、青木は話した。

格言だけでなく競輪の言葉には、興味深いものが多い。私の好きなものに、「四コーナーを回ったら赤の他人」「車券の買い方は自由」「競輪は文化ではなく、競輪は生活」「信ずる者は救われる」と、書き始めたらきりがない。

そうはいっても、格言についてはそのときには覚えていても、実際にオッズを見始めると、もう格言は関係なく、その数字だけに熱くなるのはだれも同じだ。

競輪の予想に天気は関係ある。あるとき、青木が「きょうは雨だから、カマせるかもしれない」と、お客さんに説明していた。実際に、場外発売が多くなり、どこの競輪場で開催されているか、日本全国その地方の天気までスマホで調べて、青木は予想をする。

「天気は関係ある。天気は、いつも気にして見ているよ。雨が降ると集中力が切れる選手もいる。雨が降ると、朝の練習でも出て来ないコもいるよ。濡れるのが厭なんだろうね。なかでやっていて。だいたい選手のそういうことは頭に入っているね。悪コンディションになればなるほど、風の強いところで練習している選手とかは優先するね。予想でそこまで考える。競輪は雨よりも風に左右されるんだよ。大宮（競輪場）とかも、選手は風が強くて練習していないと、絶対にもっていかれるというから」

本場開催だったら、自分が今いる場所の天気だけで良いが、今の競輪はそれを許してはくれない。青木はモニターの中継画面を食い入るように見て、その競輪場の風の様子も調べる。

「宝くじを三十万円買ってきてたお客さんがいた。当たったら、それで競輪を買うって。そういう人は当たらない。『オッズを百十円まで下げたいんだ』という。それが夢なんだって」

いろいろなお客さんがいる。いろいろなお客さんについて、青木は話し始めると、なかなか終わらない。青木はこれまで予想屋として、長い間、お客さんに接してきて、数え切れないほどのお客さんと接してきた。いろいろなお客さんを見てきた青木の歴史でもある。

「みんな『取った、取った』というけど、それが二車複なのか、三連複なのか、三連単なのか、二車単なのか、ワイドなのか分からない。俺らは毎日見てるから、そんなに取ってないというのが分かる。『付いていってみなよ』って。（機械から）お札がバサバサバサって出て来ない。（硬貨が）チャリンだよ。大金は守りに入ったら取れない」

5　なくなっていった競輪場のこと

青木利光がよく思い出話のなかでいうことがある。それだけ印象的だったのだろう。かつて日本自転車振興会（現ＪＫＡ）の那須野五夫さんが、理事のとき、青木のいた競輪場に来たことがあった。あのときは、平塚競輪場だったか、その際、青木がお客さんから、ご祝儀を分捕るように貰っている姿を遠くから見られた、という話をよくする。恥ずかしかった、と今でも目の前でのことのように青木が話すのだ。

「日自振の偉い人が、我々のようなところに降りてきたのは、あの人が初めてだ」と、何度もそのときのことを青木は話した。その後、酒の席で親しく意見交換をしたこと。ちなみに青木は酒は飲まない。親しく話をしたことを思い出す。青木のなかでは、雲の上の人だったのだろうが、青木も競輪を支えるひとりであることには違いない。そうした話に耳を傾けるかどうかは、とても大切なことだということとも思う。お客さんと最前列で仕事をしているひとりなのだ。

その那須野さんも、ＪＫＡを終えて、長野に引っ込み、畑仕事をしながら老後を楽しんでいたが、地元の人たちと野焼きをしていて、火に巻きこまれて、亡くなった。そのことを青木に告げるとまた昔話を始めた。それだけ青木には思い出がいっぱいなのだ。那須野さんには青木ともう一度、ゆっくり競輪の話をしてもらいたかった。

そもそも青木利光の父親の満が予想屋になろうと思ったのは花月園競輪場の前を歩いていていて、人がたくさんいて、何だろうと思って、付いていった。そこは驚くほどの人がいて、賑《にぎ》やかだった。時代が違っていた。それからのスタートだった。

《**花月園競輪場**　横浜市鶴見区にあった競輪場。四百バンク。ＪＲでは鶴見駅、京浜急行では花月園前駅が近かった。過去形なのは、今ではない競輪場だからだ。曹洞宗大本山の総持寺の横を歩いていく行き方と、ＪＲなどの線路伝いに行く行き方、さらには、短い距離を連絡バスに揺られることもあった。花月園前駅からは、長い跨線橋を渡り、丘の下を歩き、数軒の飲食店の前を通り過ぎると、正面に競輪場が見える。春には、桜が一斉に咲き乱れる。ここですぐに競輪場に入れるわけではなく、さらにエスカレーターで上まで行くことになる。まさに丘の上の競輪場だった。競輪場がなくなり、花月園前という駅名も変わった。寂しい限りだ。》

横浜市鶴見区の丘の上にあった花月園競輪場に向かうこの道はいつも歩いていた道だった。ここには、何度通ったことだろうか。もっとも、競輪場がなければ通うこともなかった。それでも、花月園競輪場がなくなってから、一度も行くことはなかった。一番便利なのは、京浜急行の花月園前駅から競輪場に行く行き方だ。もうひとつは、JR鶴見駅から、競輪場行きのバスに乗る方法だ。

私が好きだったのは鶴見駅から歩いていく行き方だった。その道をその日のレースの予想を考えながら、ゆっくりと歩くのが好きだった。鶴見駅の改札口を出ると左手にある長い階段を降りる。そこはもう賑やかな場所で、そこからさらに左に行く。そのまま一本道をずっと線路伝いに歩道を十分ほど歩くと、右手の山の上が花月園競輪場だ。途中には、総持寺の入口もあり、その門前には石材店や花屋さんが並ぶ。高架になっている線路の下には、さまざまな店があり、それを見ているだけでも楽しい。やはり飲み屋さんも多く、これまでどれくらいの人たちが、競輪が終わってから、ここで競輪談義をしたのだろうかと思う。

競輪場は坂道をのぼったその先にあり、さらにその先には長いエスカレーターがあった。競輪場という異空間に出かけるには、良かった。

私が花月園競輪場に通ったのは、最初は予想屋さんたちのことを取材するためだった。

競輪場の裏側にプレハブ小屋があり、その二階に予想屋さんの組合の事務所があり、机が並べられていた。朝、青木は予想をして、すべての用意をしてから、そこで、買ってきた弁当で早めのお昼の腹ごしらえをして、場内の自分の予想台に向かう。よくそこで待ち合わせては、青木に話を聞かせてもらった。そこで聞く他の予想屋さんたちの話もおもしろかった。

久しぶりに、かつての花月園競輪場の周辺を歩いてみた。変わっていない場所もあった。

そうそう、と思い出したのが、花月園前駅のトイレだった。ここも何度も通った。まずは落ち着いてと、ここを使わせてもらってから、競輪場に行った。この駅には、競輪場がまだ多くのお客さんで溢れていたころの名残が残っている。今でこそ、自動券売機があるが、かつては、手売りで切符を売っていた。

帰りなんかは、多くのお客さんでごった返していた。かつて競輪場は多くのお客さんで賑わっていた場所だった。この駅には各駅停車の電車しか停まらない。そのことを思い出した。

競輪でも何でもそうだが、ギャンブルに勝った後は何かを買うのがいいのだという。どうせお金を持っていても、酒を飲むかまた翌日のレースにつぎ込むかで、残ることはあまりない。だから、すぐ何かを買って、かたちとして残すのがいい。そうは思っていてもなかなかできないのが現実だ。次のレースに使ってしまうか、飲んでしまうか。その繰り返しだ。気持ちが大きくなる。

かつて、花月園競輪場に出かけていたときに利用していた、花月園前駅が花月園総持寺駅にその名前を変えた。ひとつの時代が変わった。あの懐かしい駅がまったく違うものになったようだ。もともと、花月園競輪場のあったところは、遊園地だった。大正三(一九一四)年にパリの遊園地をモデルにして作られた。その後、競輪場になるが、その変遷も穏やかなものではなかった。

花月園前駅も、その名前を「花月園総持寺駅」と、名前を変えた。戦後、遊園地の花月園がなくなり、そして、平成二二(二〇一〇)年に、花月園競輪場がなくなり、いつまでも花月園前駅ではないから、仕方がない。

6　ギャンブルは勝ち続けることができない

青木利光はいう。

「今は、コンサルタントじゃないんだ。アドバイザーだ」と、いって、にっと笑った。確かに、今の青木のやっていることは、その言葉がぴったりだ。競輪ファンも変わったが、予想屋さんも時代とともに、大きく変わってきた。これから先、さらにどうなるのか。予想屋さんも競輪も常に、時代とともに変わっていく。

誰でも思う。勝ち続けたいと思う。しかし、実際には、勝ち続けることなど、できない。そのことを分かっているかどうか。最初から、負けると思って、賭け事をする人はいない。勝つと思っているから、やるのだ。お客さんは競輪場のすべてのお金を持って帰るつもりでやってくる。勝つなら大きくと思うのは当然だ。昔なら、賭場にある金をすべて持って帰るような気持ちだろう。

私は、宝くじは生まれてこの方、一度も買ったことがない。どうも宝くじとは相性が良くないようだ。買ったことがなくて、相性も何もあったものではないが、宝くじを買うために並ぶのが嫌いな上に、ただ相手の言いなりになってお金を払うのがどうも気に食わない。そこでは自分の予想が入るとしたら、どこの売り場を選ぶかということくらいで、そこにはまったく、推理の余地がない。銀座を歩いていて、長い宝くじの列に出会い、そこで隣の窓口はすいているのだが、その長い列の窓口だけが長蛇の列だった。宝くじを買う人も、そこには推理の余地が入っていることを知って、面白かった。知り合いが話していたのを思い出した。当たるためには、常に同じ窓口で買い続けること。それもひとつの重要な戦略なのだろう。そこですぐに競輪と比較してしまう。予想をすることでは、競輪は頭を働かせて、いつまでも熱く予想をすることができる。当たらなくても、自分で予想したことだから、納得がいく。

もうひとつ告白すると、私はこれまで一度も三連単の車券を買ったことがない。もう車券の中心が三連単であることはまがいもない事実である。三連単のオッズと二車単のオッズ画面を見ていると、売り上げは十対一の割合だ。圧倒的に三連単のほうが多い。お客さんの頭も三連単で車券を買うのがごく普通になっている。一攫千金を狙うのは、三連単は五百四通り。二車単は七十二通り。当たらないはずだと納得する。

「二車単も当たらないのに、三連単が当たるわけがない」というのが、その正直な気持ちだ。決して、三連単を憎んでいるわけではない。

「縁起をかつぐとか、全くない。普通、勝負をする人というのは、縁起をかつぐけど、おれはまったくないね。理由はないけど、駄目だから違う道を通ろうとか、いつも同じパターンだから」

青木はそういった。

見ているととても頑固《がんこ》で、決めたことをやらないと気が済まないようにみえる。それでも実際は違うという。

「ギャンブルをやっている人は縁起をかつぐ。オレはそんなことないな。毎日、同じ時間に、同じ車両にすいているからと乗って、一本前後するくらいで、同じ生活リズムで、予想が当たらないからと道をずらしたりとか、そんなことはしない。昔からそうだ。そんなの気にしていたら、ストレスが溜《た》まるから。昔からそうだ。それでもどこかでやっていたかもしれないけど、気にしていない。今は生活のリズムになっているから良い。三日も四日も休みがあると駄目だなあ」

予想屋さんの世界でも禁句があるようだ。それぞれの世界で、いってはいけない言葉は、どこの世界でもあるものだ。青木がいう。

「二十代のころ、まだ俺が独り立ちしたころ、お客さんに『これあるか』と、訊かれたら、親方たちから『ないとはいうな』と。よく言われて怒られたよ。まだ若かったから『そんなの来ない』と、突っぱねたりしていた。そうしたとき。『ない』という言葉は競輪では禁句だから。『来るかもしれないね』と。万が一来るかもしれないけど、『ない』というのは禁句だぞと。

それでも、いくらいわれても、自分の我が強いから『そんなのないよ』といっちゃうんだ。ついでちゃうんだね。競輪は『れば』と『たら』は禁句。

そういえば、よく、『レバーは肉屋で売ってる。たら（鱈）は魚屋で買って来い』という。そういうことが教えとしてあった。守らないと怒られる。怒られるから、その後は『ない』とはいわなくなった。自分の教えている目に、それがなかったときに、お客さんが『あるか』ときいたら、ひとつ多く教えられることになるじゃん。最初から、『ない』といっちゃうと、そのお客さんは、その車券を買いに来ているんだから、最初からないといっちゃうと、困るぞ、ということになる。『あるかもしれないですね』といいえよと。そういう教えだった。

でも、今でもつい、でちゃうんだ。『ある？』ときかれると、『ない、ない、ないないない』と。『ないない』というけど、この『ない』にも色々と意味があるんだよ。一着があるのか、二着があるのか、三着があるのか。競輪というのは、ある程度、展開だから。張られたり、落車があったりするから。それでくることもあるから、だから『ない』っていっちゃあ、駄目なんだと」

不思議だが、予想屋さんの予想代が百円で、車券も百円で買うことができる。理屈の上では、配当が良ければ、予想を買っても良いことは当然だが、同じ値段だというのが、常に面白いと思う。

「予想代金は百円。うちの親方の特別な予想のときには、二百円。特別予想。一日一回の特別な予想のときに、封筒に入れて『特報』といって売っていた。一日二回あるときもある。その値段は自分で決めることができる。台本がないから、いろいろと自分で考えるんだよ。昭和五十年代はそうだった。俺はずっと百円。一日の全レースの予想を五百円で売る人もいれば、七百円、千円で売る人もいた。ピンキリだ」と、青木はいう。

「昔は十円だったと、仙人はいってた」と、青木は父親、満のことをいつもそう表現していた。

「予想代を払っているのに何でご祝儀を払わなくちゃいけないの」といっていた人もいたという。

ご祝儀はピンキリで、結局はその人が車券を取れるか取れないか。

「今、土日は競輪が初めてという人も来るよ。『初めてなんですけど』といってね。『マークカード（投票カード）の書き方を教えてください』という人が来るよ。『予想代はいくらですか』とか、『一日いくらですか』というので、ズブの素人だとわかるじゃない。常連さんだったら、一日のものを持っていく人が多いんだけど、初めてだから、当たらないと思うから一回一回来なさいというんだ。百円あれば、車券買えるから。競輪は自分で推理するから面白いんだ、分かんなくなったら、買いに来ればいいじゃんって。そういうふうにしてあげている。

初めての人はガイダンスっていうのがあるからと教える。手取り足取りは大変だから。最初は、その人がどういう人か分からないから。いちから教えた人もいるよ。『おにいさんのいった通り買うからいってくれよ』と。でも、当たんないとつまんない、と。何でその目を予想しているか、わかんないから。まずは、自分で予想をして、それで分かんないときに、予想屋さんを頼れば良い。俺の出している目、九車なら九車、全部出しているわけじゃないから。『自分の予想した目にプラスして買ったら』という。誰がお客さんになるか分からないから、最初は丁寧にやる。今は、スマホのオッズとにらめっこしているのが半分以上だから。昔とは全然違う。

一レースにマークシートを二枚も三枚も書いている。俺にいわせたら、買いすぎだよ。今の三連単は一着二着を決めたら、三着は全通り買うというのが早い。三連単になるときには、勉強したよ。予想も何回も変えた。いろいろとやった。三着がどうしても抜けちゃうから。今はまた前に戻した。どうして抜けるか。あんまり❹❻❽（ヨーロッパ）を書かないから。自分の展開で一着二着を教えるから。とんでもないのが三着に入ってくるから抜けちゃう。お客さんにはそばにいたら、『三着を流したら』とアドバイスをする。今の若い選手は先輩のために、犠牲にならない。あれが困る。

お客さんは、新聞の選手のコメントをしっかり読んでいるけど、俺は読まない。選手のコメントで予想しない。なぜかって。選手を信じないから。新聞とかは一応読むよ。あくまで自分の展開で予想する。初心者は昔からの競輪と同じで、競輪は番手からだ。それは変らない。もう俺は競輪を四十年やっているけど競輪は展開。展開はバンクによるからね。GIのメンバーとFI、FIIがもしも同じところで走っても全部、レースは違う。GIでは回ったまま入って来ない。チャレンジだと、そのままの並びで入ってくる。もしも、ピッチャーが何種類も球を持っていて、それが何通りあるか。すべて分かってる。それでも、ギャンブルだから、能書きはいらなくて、われわれは当てなくては駄目なんだ。当ててナンボだからね。

当ててあげれば、お客さんも喜ぶんだし、人間だから、スランプもある。

逆に何を書いても当たるときもある。俺は予想屋として、それぞれの選手の戦法は分かっているから。その見極めで、予想を立てているから。

選手のコメントではなく、誰が逃げるかを見極めること。このごろのお客さんは『誰が逃げるんだよ？』と、必ず訊く。三分戦と四分戦、五分戦はまた違う。細切れ戦は難しい。でも、それに対応していかないと百円の価値はない。あるいは、毎日見ているんだから、お客さんに言ってあげられるヒント、全部が全部ではないが、こっちが二割、あっちが三割といった具合にいえるくらい。

もう勘が悪くなってきた（苦笑）。昔は良く当たったよなぁ。やっぱり勘でしょう。展開がずばっと読めたときの勘でしょ。

今は三連単で、よけいなことを考える。だから難しい。昔のほうが予想をする時間も短かった。十五分から三十分くらい。頭のなかで、誰が逃げてと考えて。今はもう一時間以上かかる。一レースから十レースまで。完全に予想ができるまでに。昔は早かった。ぱっぱっぱっと。自分がお金出して、車券を買うのだったら、大変だよ。自分で買わないから。

今のお客さんは、選手の特徴をインプットしている。新聞やテレビでいろいろというから。それに負けないように、俺らもその上にいかなけりゃ駄目なんだ。

お客さんが能書き言ったら、俺はいつも『台に乗れ』っていうんだ。

毎日来るお客さんは、当たればいいんだから。お客さんも勉強してくるから、俺らは、それ以上に勉強しなけりゃ駄目だ。何にもしていないように見えても、努力はしているんだよ」

青木はそう言って笑った。

第六章　競輪に生かされて

1　象は忘れない

「ビートたけしの『菊次郎の夏』っていう映画に、俺出てたでしょ。ちょっとだけど」と、青木利光は、思いだしたようにいった。花月園競輪場が映画の撮影に使われ、その競輪場の風景のひとつに予想屋さんが使われた。その競輪場も今ではもうない。

「象は忘れない」という諺《ことわざ》が英語にある。象という動物は、自分の身に起きたことをけっして忘れないことから「すばらしく記憶力が良い」という意味などで使われる。青木が競輪のことを話すときには、その数字を今、見てきたようにいう。競輪は基本、九人で走るから、そうした数字はいつも口にしていても、そこまで覚えているものだろうかと思うが、正確だ。青木は、競輪のことになるとその数字が頭にインプットされて消えないのだという。数字を覚えているのは自然。自然に頭に入ってくるからだ。バックはだれがとったとか、全部、自然に頭のなかに入ってくる。そして、インプットされ記憶される。

青木には、競輪の他に興味があることがない。本当に、日々の生活も競輪だけだ。あるとき、システムトラブルで競輪の開催が日本全国で二日間なかったときがあった。令和元(二〇一九)年十月三日から四日にかけて、競輪情報システムにトラブルが発生して、原因の究明と復旧作業のために開催が中止となった。その原因は、五日が初日の開催のA級3班戦にあっせんされていたある選手が、前の月の二十三日に特別昇班したため、あっせんを取り消した。さらに、追加あっせんしたときに、異常が発生して、システムが停止した。原因は分かったが、復旧に時間を要したことから、開催に順延や打ち切りの影響が出ることになった。

青木が休んだことをお客さんも不思議に思ったのだろう。競輪の開催がないことで、青木は、「何すんの?」と、お客さんにいわれたことを思いだした。それほど競輪のない日の青木を想像することができない。

実際には、どうだったのか。

「その日の商売をやめて、家に帰って、のんびりしていた」と、競輪がなかったその日のことを思いだして、青木はいう。

競輪の開催が突然取りやめになったその日は、青木が小田原競輪場に着いて、予想ができあがったのが、九時四十五分だった。それからだ。事務所から、連絡があって、「システムトラブルできょうの開催は中止となりました」といわれた。そういわれれば、それで仕方がない。それで青木はその日の商売を諦めて、電車に乗って帰った。その日は、何をするでもなく、一日過ごした。

青木の生活は常に競輪で動いている。毎日が競輪で始まり、競輪で終わる。青木にとっては、競輪が生活で、競輪が人生だ。競輪にかわるような好きなものも他にはない。

昔は違ったが、今では必ず場外開催を行っているので、平塚競輪場と小田原競輪場の二場を仕事場にしていたら、毎日必ず仕事はある。

「働く場所を平塚競輪場と小田原競輪場だけにしたときに、そのときに付いていたお客さん、もうその人は他界しちゃったけどね。『過去の栄光を捨てて、お前は、小田原と平塚に力を入れろ』といわれた。平塚、小田原は客種が良かった。『川崎、花月園で売れないと、(予想屋として)超一流にはなれないぞ』といわれていたから。それだけ、川崎競輪場や花月園競輪場はお客さんが厳しかった。それとは違って、平塚、小田原は、お客さんが柔らかかった。『そんなもんかなあ』と思っていた。デビューが川崎だったから、川崎、花月園に六日六日で行ってた。一度、小田原を捨てたんだ。その後、戻すまで二、三年かかった。お客さんが『来てねえじゃないか』と思うから。あっちゃこっちゃ手を出していた。今は、どこでも場外を売っているから。競輪が好きだから、どこでも行きますよ。場外、場外だから、やり方を変えなければ喰っていけない。今、川崎には(自分の)予想台はないが、登録はあるから、もしも、小田原が駄目になったら、川崎に行く。そのとき、お客さんが付くかどうかは不安だよ。今のお客さんは、そんなに(予想屋に)頼ってないから。時代が違うから。今のお客さんは、スマホに頼る。そうすると、お礼しなくてもいいじゃん」

青木は、ご祝儀のことをそういって、言葉の最後は笑いになった。

「不安だという一部の人がいる限りは、予想屋さんはなくならない。馬の場合は血統だけど、競輪の場合は、ある程度、選手の癖を見ておかないと駄目だから。選手の調子は、三カ月くらいずっと見ている。たとえば、先行選手は九着ばっかりだと、駄目。調子の良いときは必ず三連単に絡んでくる。九着ということは途中でやめちゃっているんだ。逃げて九着ということは絶対にないから。地脚型かダッシュ型なのか、独自に見極めないと駄目なんだ。そういうことは新聞に書いていないから。競輪は難しいから、車券を買わないで、お客の懐で勝負するのが仕事。そういうのが予想屋の仕事なんだ。もうそれが染みついちゃってる」

最終レース、青木の周辺には、それまでいたお客さんがまるで蜘蛛《くも》の子を散らすようにというような表現そのもののように一気にいなくなる。すぐにバス乗り場には長い長い行列ができる。

「お客さんが、当たったかどうかはすぐに分かる。払い戻しの窓口のところに並んでいるかどうか。翌日、『ありがとう』と、ご祝儀をくれるから。『買ってねえんだ』と、言われると困る。だいたい、当たってると嬉しいからお金を置いていく。歳だから、丸くなってきちゃった。昔はご祝儀を持って来ないと、『もう来るな』といったり、お客さんからむしり取っていた。いろんな人がいるんだよ。十人十色で。昔は勢いでいっちゃってたけど、今はそれを見極めて、アドバイスする。でっかく買っているとプレッシャーがかかっちゃうから、昔は見ないようにした。昔は相性が悪く、胃薬を飲んだりするようなお客さんもいたからさ。『何をしているのか、この人は。こんなに金を使って』って。取らせてあげたい、取らせてあげたいと思うから、予想が空回りしちゃう。『これ買えば』って、いうと、その通り素直に買っていた。お客さんは、俺が三十レース予想が当たらなくても付き合ってくれる。三十一レース目に当たると思ってね。三十打数一安打でも良いっていう。百円ずつ十通り、千円買うよね。俺の目の他に、自分でも買っているから。俺の目で当って、一万二千円以上になれば。後は自分の(予想の)目で買う。そういうのが顧客だから。今はもう少なくなったけど、昔は結構いたからね。蟻んこみたいに集《たか》ったものだった。昔は『後半の三個レースくらいでいいや』という人が沢山いた。今でも、『後半だけ来なよ』っていっているけど、暇だから朝の一レースから来ちゃうんだって。競輪は最終日だよ。ずっと見ているから。GIだと、決勝でなくても賞金が良いから、選手は目いっぱいやってくる」

青木の言葉はどこまでも続くようだ。

「将来は予想もネット配信になるって？　そうなるとご祝儀も出なくなる。その場で当たって、嬉しくて、『やあ』というのが最高なんだから。お袋がいっていたけど、『ギャンブル場って、お金を触って遊べるから良いんだ』って。電話投票なんかは面白くないのはそうしたところ。お金を持って窓口に行ったり、払い戻したり、お金を触るから良いんだ。これがお金を触んないんじゃつまんないんだ。だから、競輪場の現場に来て、当たり車券を機械に入れて、ちゃりんなのかバサバサなのか。隣りの人が『長えなあ、あの人は』とか。それは千円買ってるのか、二千円買ってるのか。百円なのか。お金をもって遊ばないと駄目。カジノだと、チップに替えないといけない。だからつまんない。オレが二十代のころは、お客さんが札を握りしめて車券を買っていたからね」

青木はかつての時代を、競輪場が一番賑やかだったときを思い出すようにいった。

「これは書いちゃ駄目だよ、一日に一レースでウン千万円取った人がいる。それも二人。ひとりは、間違えて買った。もうひとつは村上義弘が好きで、本人は、四万四万二万と買うのを、四十万円に間違えて押してしまった。電話投票で、取り消しできなかった。それが来た。間違えて四十万円を押してしまった。それだけ電話投票にお金が入っていた。もうひとりは、小田原競輪場で、佐世保記念の場外だった。四十二万いくらついて、それを五千円持っていた。それも間違えて買った車券だった。たまたま失格して、大騒ぎだった。小田原競輪でベスト2の配当だ。度胸があるなあ。もういなくなっちゃったけど。一千万円の大台はいますよ。ただ言わないだけで。百万円買って来いというんだよ。三連単で。取り替えに行くと、気持ち良いよ。車券は沢山、買うだけじゃなく、沢山、払い戻しを受けないといけない」

実際には、それが一番難しいのだ。誰もがそうは思っていても、なかなかそうすることができないでいる。競輪場というところはそうしたところだ。

「お金もしまい方があるんだね。お札の顔を頭を先に入れる。肖像画の頭を下に入れる。出ちゃわないように。顔を揃《そろ》えて。お札をいじめちゃ駄目。折り曲げない。一回入れたら、出ないように。折り財布に入れる。お札の入れ方もこだわる。富士山を向こうに。几帳面《きちょうめん》にね。あくまでギャンブル場だから、使っちゃうからね。勝負師はね、一レースだけ買って、儲かったからまた次の日に来るとか。ずるずるいたら、取られちゃう。古い人でも二年。二年周期かなあ。十年以上続いている人もいるよ。『ああでもねえ、こうでもねえ』と、レースが終ってからいうお客がいるから、『それなら、台に乗っていってみろ』という。レースが終ってから言うのは、誰でも言える。こっちはちゃんと予想を走る前に前発表しているんだから」

そこはプロの矜持というものが青木にはある。自分の予想に自信を持っている。そこは誰にも邪魔されない世界でもある。

「正月はどうすごすって？　元旦から仕事。初詣は、年が明けてから行く。でも、ここんところ、大晦日も正月も仕事だから。でも、若いときには行ってたよ。川崎大師とか。縁起を担《かつ》ぐとかではなく、習慣でね。川崎大師に行って、くず餅を食べて。神社の神主さんも、お客さんで来るよ。親父さんはどうしてたって？　親父は神頼みをしなかった。親父は宗教をやっていたから。ふにゃふにゃふにゃふにゃやっていた。（親父が）他界したときに、（神棚を）戻した。『息子さんやらないんですか？』っていうから、『やらない』って。病気したときに、入信したんだって。おれの名前の『光』っていうのも、そこかららしいよ。名前貰っているじゃん。昔はうちには神棚があった。そういえば、お札を逆さまに貼って足が腫《は》れたという人を知っている。たまたま、間違えて貼ったら、足が腫れちゃったんだって。たまたまだと思うけど、足を向けて寝ていたら」

今でも競輪は、大晦日、元旦と関係なく、どこかで開催されている。予想屋さんの新年はどうなのだろうか。
「昔は地方から出てきた職人さんたちが多かったから盆暮れの仕来りは昔からやっているよ。バブルの頃はお年玉もすごかったよ。貰ったお年玉は予想台に貼っていた。粋な人たちがいて、手書きで、『今年もよろしく』って書いてあったり、必ずピン札でくれたり、金額ではなくてね。今はもうないなあ。粋な人がいなくなった。昔は、コンサルタント組合でも、忘年会、新年会があった。今はもうないなあ。月に一回、誕生会もあった。うちの親方のところには、若い衆が四人五人いたから。それで情報交換したりした。『俺はこうしているから、こうしたら』とか、今はそういうのはないもん」

時代とともに、予想屋さんの世界も確実に変ってきている。それは進化というものではなく、時代の波に呑まれ、変化しているのだ。

「予想屋のこの仕事は好きじゃなきゃ、駄目だな。この仕事が好きで好きで、仕方がないから、雨が降っても、槍《やり》が降っても、競輪場にやってくる。四十年…(笑い)。これまで(予想屋を)辞めた人はその好きさ加減が違っていたのだろう。こんな良い仕事はないいんじゃないかな。みんなが俺を頼ってくるんだから」

2　ガールズケイリンの神様降臨

《女子競輪　二〇一二(平成二四)年七月に復活した。女性の競輪選手による競輪。一九四九(昭和二四)年から一九六四(昭和三九)年まで女子競輪としてのレースがあったが、廃止された歴史がある。復活したガールズケイリンの第一期生の三十三人により、四十八年ぶりに行われた。男の競輪と違って、基本的にラインはない。自転車もカーボンフレームとなっている。》

昔、女子競輪を見たことがあるという年配の人と話をしたときに、その人は京王閣競輪場で見ていたと話した。

「女子競輪は人気があったんだ」と、当時を思い出すようにその老人はいった。しかし、よく話を聞いていると、何で女子競輪が人気だったのかというと女子選手が落車をしたときに、毛糸のパンツが破れて、それを見るのが楽しみだった、と話した。

今のガールズは、ガールズの選手たちを女性アイドルを見るようものでもあるようだ。

競輪では、大きな大会ではなくても、そのシリーズが終わったら優勝者に対する表彰式が行われる。表彰状、優勝賞品、優勝カップなどが選手に渡される。いわき平競輪場で私の勤める新聞社の社杯があり、表彰式に出かけた。ほかのスポーツの表彰式にはそれまでも仕事の関係で出たことはあるが、競輪の表彰式で賞状を渡したのはそのときが初めてだった。ガールズケイリンのレースもあり、優勝者に表彰状と記念品を渡した。表彰式になると、急にどこからかファンの男たちが湧いてきた。彼女たちには、追っかけがいるということは聞いていたが、これほどの数だとは思ってもいなかった。そして、表彰式が終わると、急にいなくなった。そのためだけに来ているかのようだった。車券の楽しみとはまた別の楽しみがそこにはあるのだろう。

「ガールズケイリンは、配当が少ないから、車券は絞る」というのが、青木利光の流儀だ。「お客さんのなかには、予想が簡単すぎるという人もいる。なかには『あんちゃん、(ガールズケイリンは)やんねえよ』という人もいる。『宇宙までいっても堅い』という人がいる」と、青木はガールズケイリンについて話した。

しかし、そこが青木の狙い目なのだ。

ガールズケイリンが始まるときには、私は、失敗すると思っていた。それは過去の歴史が証明していると思った。かつて、女子競輪という名前だった。女子競輪がそのことを示していて、強い選手と弱い選手がはっきりとして、車券的に面白くなく、ファンはそっぽを向くだろうと思っていた。歴史がそのことを証明している。だから、失敗するだろうと。しかし、ふたをあけてみると、違った。それには理由があった。歴史が証明しているとはいうが、そのときとの一番大きな違いは、そのころには三連単の車券がなかったということだ。今のファンは、三連単で車券を買う。競輪場でオッズを見ていると、三連単と二車単の割合は綺麗に十対一の割合となっている。それを見ていると、三連単が普通になっているのが分かる。

だから、大きな配当を狙うファンでも、ガールズケイリンを買うことができる。何よりも、三連単でも堅く、大金を賭けることもそこでは、男の競輪では難しいことが可能なのだ。そうしたことが、かつては失敗した女子競輪とは大きな違いだ。

その分析をした北海学園大学経済学部、古林英一教授の平成二九（二〇一七）年六月の論文「公営競技の『拡張』と『縮小』――競輪を中心に」には、女子競輪が復活できたのは、三連単車券があったからだ、とはっきりと書かれている。

《（略）女子競輪廃止の理由となった選手層の薄さは現在でもまだ解消されているわけでもなく（略）優勝する選手は上位の数人に限られてはいるが、当時と大きく異なるのは、現在は3着までを順位どおりに的中させる三連単があるため車券的な妙味もある。逆にいえば、三連単がなければ女子競輪の復活はなかったかもしれない。》と分析している。

さらに、肝腎のその売り上げについては、《（略）ガールズケイリンが売上額の増大に大きく寄与しているかどうかを函館競輪の実績からみておこう。（略）ガールズケイリンが売上額増大に大きく寄与しているとはいいがたいように思われるが、逆に売上額の足を引っ張っているようにもみえない。（略）二〇一一年一月に小倉でミッドナイト競輪がスタートした際に7車立て競走が導入され、最も下級の選手同士で戦う競走が全レース7車立てとなった。7車立て競走の導入はファンに対するサービス強化策としてではなく、選手の大幅減少で開催日数を維持することが難しくなったことが直接的な契機のようだ。（略）》と、この論文はとても興味深い。

ちなみに、古林教授は異色の大学教授で、専門は「環境経済論」や「公営競技論」。ばんえい競馬やホッカイドウ競馬を経済学者の立場から研究している。かつて落語家になりたかったといい、自身でも落語会を主催したこともある。私自身は、そのことで古林教授の研究室に取材に行き、知り合った。映画『銀の匙』で、エキストラで出たことを自慢して話した。地元紙に競馬の予想もする異色の大学教授だ。今では夕刊フジに競輪コラムを持ち、女子競輪の予想もするほどだ。

古林教授は、漫画「ギャンブルレーサー」を教科書にして、競輪を学んだ。大学の関係で、函館にいたことも競輪にはまる大きな理由だった。

そもそもは、牧場の調査を行ったことから、それまでだれも専門にしていなかった公営競技について真面目に研究してみようと思い立った。公営競技は、地方にとっては特に大きなビジネスだ。公営競技を事業として見る。学問としても研究の対象となった。

個人的には、競馬もボートレースもやるが、古林教授にとって競輪が一番論理的に予想できることに魅力を感じていた。何よりも函館にいて、ナマで競輪を見ることができたのが大きい。そして、競輪場でベテランファンの声を聴きながら、競輪を楽しんでいた。

古林教授は、競輪は面白さのアピールが他の公営競技よりも下手だと指摘する。

競輪の歴史についても、「後楽園競輪がなくなり、都市部の中心の競輪場がなくなり、都会っぽさがなくなったことも大きいのではないか」という。競輪のひとつの面である、地方の選手がいて、競走得点があることから、どこの選手でも予想することができるが、なかでも、地元選手を応援することから、地元贔屓があり、日本全国どこでも競輪場に行って、応援することができると話していた。

古林教授のように学問的に競輪を分析することがこれからはもっと大切になるだろう。古林教授のような研究者がいて競輪は幸せだ。

あるとき、スポーツ新聞に、ガールズケイリンの選手のコメントが七人掲載されていて、笑った。「流れを見て自力で」「流れを見て自在」のオンパレード。それはそうだ。ラインを組むことが禁じられているので、基本は個での戦いだから、作戦はというとこうしたコメントにしかならない。それを載せるほうも載せるほうだ。読者のことなど考えていないのだろう。とても恥ずかしい。

見ていると、年配の人たちは、ラインもなく、選手紹介でもただ走っているだけで、自分の大切なカネを彼女たちに本当に賭けていいものかどうか、じっとレースを見守っているだけの人も多い。「競輪はスターがでないと駄目。よく、『俺は競輪で喰ってる』とかいう人がいるけど、そういう人は本当に百人に一人か二人だよ。ガールズケイリンの選手は、先行できなければ駄目。ガールズケイリンが売れているんだ」

青木は自身の常連客に「ガールズの神様」と、呼ばれている。

「ガールズケイリンを売りにしてるんじゃなく、ガールズケイリンの攻め方をアドバイスしているだけ。『ガールズケイリンは逃げれない女は駄目だよ』という。バックを誰がとるかだよ。最初の頃はやっぱり難しかった。二個レースでしょ。一人ずつが優勝候補が乗っかるじゃん。競輪場では二着を入れ替えるだけなんだよ。それで初日の一着が八点。二日目が十一点で、七着のコはもう決勝に乗れない。七着になる子は、弱い。もう決勝に乗れない。七車というけど、もう四車でやっているようなもの。そうしたことは、自分で考えた予想。今、大金をつぎ込めるのは、ガールズケイリン。お金を持っているひとは、そこにつぎ込む。一着固定で、二着三着を入れ替えるそういう買い方をするのが一番面白い」

それは女子競輪が始まったころも当初こそ目新しく、さらに若い女性が走ることで人気だったが、配当が安かったからだ。強い選手と弱い選手がはっきりしていたから、そこでは当然、配当が安くなった。

今のガールズケイリンもそうだ。それは逆に三連単が当てやすく、そこに大金をつぎ込むことが出来るということ。かつてのように、枠単だったら、魅力はないが、男のレースの三連単が難しく、当らないというので、小銭でパラパラと買うのに比べて、ガールズケイリンは大金で三連単を買うことができる。それで金持ちはガールズケイリンで勝負するのだという。だから、続けることが出来ているのだ。つまり三連単があったからだ。

昔と違うのはそこだ。それを計算していたわけではないだろうが、ガールズケイリンは時代に合っていた。ガールズケイリンは三連単に助けられた。

青木はお客さんたちに「ガールズの神様」と崇《あが》められている。青木は予想でガールズケイリンは特に車券を当てる。大金を賭けさせることができ、ご祝儀が期待できる。

「ガールズケイリンはとりやすいんだよ。強い選手は、一レースにひとりずつでしょ。ただし、三人強いのが同じレースに乗ると、難しい。ガールズケイリンは一点か二点買いで三百円ついたら、車券は美味しい。千円で、大の大人が三千円になったからって、嬉《うれ》しくない。昔と物価が違う。一万円買って、三万円になったら、嬉しい。競輪と競馬と、ボートと全然違う。競馬は単勝や複勝に、大金を入れるわけでしょ。はまったら、ぜったいにはまっちゃう」

よく、どうして競輪はこんなにも魅力があるのかと考えることがある。

自転車に乗れる人が多いから、自転車がとても身近なものだから、競輪はこれほど広まったのか。違う。やはり、それはお金がかかっているからだろう。それに推理する面白さだ。予想が当たったときの快感に、さらにお金が付いてくるのだ。それで多くの人に受け入れられるようになった。自転車は不思議な乗り物だ。その自転車が時速七〇キロで疾走する。

「藤沢に渋谷小夜子っていう女子競輪の強い選手がいて、うちの親父(青木満)は、一緒になりたかったらしいよ。嘘か本当か。賞金が良かったからね。渋谷小夜子は強かったらしいよ」

《**渋谷小夜子**　元女子競輪選手。元競輪学校が設立される前の期前選手。神奈川県登録。圧倒的な強さだった。田中和子が出てくる前までは「女王」だった。昭和二八(一九五三)年引退。》

3　車券で百万円の取り方指南

「これまでの高額配当は、萩原操さんの二十何万というのがある。配当は忘れたな。小田原競輪で。これまで一番取った人は、ウン千万円。花月園で、三百万円ほどかけて。一レースにだよ。ここにある(ハズレ車券の)これはほんの一部の車券。これ全部一レースですからね。これは中野浩一さんの頭の車券。これは枠の❸❺で来た。この人は毎日、こういう金額を買っていた。来ると、毎日ですよ。百万、五十万という車券。朝、電話よこして、スポーツ新聞をチェックして、本命対抗を。糞生意気で、当ったら、うーんとお礼するという人だったが、生意気で、相性が合わなかった。枠の❸❻を百五十万円。枠の❸❺を五十万円、❸❹を五十万円。これはいまだに覚えている。四コーナーまでこれだった。いまでも覚えている。これは❺番が井上薫。九州、九州で、小川博美(福岡・四三期)が先行。番手が中野浩一、三番手が中野龍浩(佐賀・五三期)。入ったら、これだった。❸❹って、井上薫さんが、中を割ってきちゃった」と、青木はレースを解説する。まるできのうのことのように。「終ると、ばっとばらまいちゃう。この人は『もうかんない』って競輪をやめた。これが最後だった。この人は死んじゃった」

競輪で百万円取りたい、という人が青木のところには頻繁《ひんぱん》に来る。

「百万円取りたいといって来る人がいる。実際に取った人もいる。運の良い人もいる。俺の予想通り買った。今は三連単だからね。三連単で難しくなってきているから。昔は二車単で、気楽に言えたけど、今は違うからね。その人はオッズも見ない。見て、駒の上げ下げをしたら、駄目。その予想の通りにぽんと買って、たまたま買ったところがきた。ぴったり買うのは厭だという人で、三千三百円買ってみたりとか。駒の上げ下げをするのが厭な人もいる。ぴったり買うのが厭な人もいる。一万円堅いところを買おうと思って、一万二千円のせちゃおうとか。いろいろいるんだよね。

面白いんだよ。縁起を担《かつ》ぐ人もいる。取れる人に共通しているのは、度胸のある人。それは共通している」

穴ばっかり買っていてもお金は増えない。よく本命党よりも、穴党のほうが長続きするといわれる。何よりも、車券を買わないのが一番儲《もう》かる、といって笑う人もいる。もうそういう人は論外だ。

「打つときは打つ、流すときは流すとしないといけない。それを見極められないと駄目。十連敗でもいいけど、一回良いヤマを当ててくれという人と、着実に、的中本位でいってくれという人と、人間はわがままだから。いつ当たるか分からない。そのためには買い続けなければならない。穴っていっても、何が穴なのか。昔と違って、今の時代、三連単の万シューなんて当たり前だから。だけど、オッズばかりとにらめっこして、十万円以上の配当を狙《ねら》っているのか、俺らが言っている黄色の数字は十万円以上だから、そればっかり狙っているのか。本命党の人は長続きしないと昔からいわれているが、このレースだけと決めて、帰っちゃう場合は長続きする。いつもいつも買っていたら、負ける。何回もだと駄目。一日一レースか二レースに絞って、ここだというところを二車単、三連単で買わないで、三連複で攻める。だから、その人は外国人のレースが好きだという。『何で』と、訊いたら、安心して買えるからという。その人は最初は、さんざん外国人のレースはつまんないといっていた。本命党だから。今の日本の競輪は荒れるから、外国人のレースのほうが安心して買える。その人はガールズケイリンも好き」

いろいろなお客さんが青木の予想台にやってくる。

「三連単のガチガチで百八十円というのを当てた。伊東（温泉）競輪だった。日韓競輪の第一回だ。二日目、村上義弘さんが走った。三連単で百二十万円を一点買い。『勝負しに来たんだから、余計なことはいわなくていい、誰が逃げんだ。どうなんだ。差すのか差さないのか。差す。そうか』。それで終わり。予想でも、それを自分で、書いた。ご祝儀は、まあまあ。その日はその日で。その人は、初日に六回当った。それで大口（の払い戻し窓口）に六回行った。全部十万円ずつ。千いくらとかついてて。準決勝、堅いからと有り金全部、買わせた。五百万円くらい。その人がつぎ込むから、配当は百十円くらいになっちゃう。『じゃあ百二十万円買うって。当たったら十万円ぶん、おめえにやるよ』って。それで予想通りに買ってくれた。ということはつまり、ご祝儀は十八万円。『高額を打つから、差すか差さないかを言え』って、お客さんにはよくいわれるなあ」

賭け事の基本は丁半だ。確率が二分の一というのが一番、人間の心を揺さぶるという。

「お客さんのなかには、どうしても車券で百万円を取りたいという人がいる。どうしたら、車券で百万円が取れるか。外国人の出るレースの決勝で、五人を選んで買うようにいう。外国人が転んだときにという条件だ。それで半年間、追いかける。だから、五〇〇バンクで狙う。三三バンクは駄目だよ。（彼らは）慣れているから。外国人が日本にいる半年の間に、その条件のレースがいくつあるかだ。いくら説明しても、お客さんはすぐに忘れてしまう。俺らは当然、覚えているよ。三三バンクでも同じ買い方をしてしまうから駄目なんだ。」

このときの三連単の当たり車券は、全国で二十一票売れた。

「ガールズケイリンの小林優香が小倉競輪で、一着で入って、車体故障で失格になった。その車券を取った。小林が出るレースを、それも決勝だけをはずして、車券を買い続けた。小林は絶対負けない選手だから。そこから売れて、人気のないところは、オッズに星印が付く。だから配当がいくら付くかは分からない。利益は出なくても取ったという快感だ。よく来るお客さんだよ。百円ずつで、小林を消して買うことを教えた。三千円ずつ捨ててもいい。小倉で百万円。次の日に、ご祝儀を『夢がかないましたよ』と、百万円車券だった。当たった人は、自分で買ったのを自慢したいんだよ。『負けない女』のときに、買い続けるんだよって。小倉の外国人のときにも取った。穴を買うんだ。そのときに、来た選手で、買い続けるから、『駄目だよ』っていった。たまたま、その選手が来ただけ。そういうとき、絞る。その人は、収支すると、儲《もう》かってるね。それでも、車券の点数を買い続けないといけない」

4　ミッドナイト競輪の必勝法伝授

ミッドナイトでも予想屋さんを頼りたい人たちがいる。競輪場にお客さんを入れずに、夜中にレースをやるから、場内で予想をやっているわけではないので、直接電話が青木利光のところにかかってくることになる。朝が早いから、青木はもう寝てしまっている。青木は朝が早いから仕方がない。

《ミッドナイト　深夜の時間帯に行われる競輪のことをいう。ナイター競輪終了後の午後九時から深夜零時に走る。競輪場にはお客さんは入れない。車券は基本的に、電話投票、インターネット投票のみの発売。平成二三（二〇一一）年四月に始まった。基本的には七車立て。売上は好調で、開催する競輪場も増え、売上が低迷する競輪の売上を底支えして、かつ伸ばしているといわれている。》

「俺が一番思うのは、何も考えないで、一番人気から十番人気までを千円ずつ買う。それが厭なら、十番人気から二十番人気までを千円ずつ買う。それが一番簡単な方法。あまり考えなくて平気なの。ただ、それを買い続ければ良い。みんなアルコールが入って、ネットなんかで車券を買っているから、配当が上がってくるんだよ。だから無理に自分で考えないで良い。千円でなくてもいい。三百円とか五百円で買っとけばいい。荒れると、十から二十倍くらいだから。それがミッドナイトの必勝法。だから、教えてあげてんの。たまに七千円くらいつくと、喜んでる。全レースやるわけじゃないから。暇だからって、ケツの四つか五つをやるくらいだから。それが一番良い。『展開考えないの』っていうから、『馬鹿じゃないの』って。選手だって、お客さんが（客席に）入ってないんだから、力が入るわけないじゃんって。お金のない人は一番人気から十番人気を買っちゃいけない。十から二十番人気を買うんだ」

そうしたいつもの展開予想とはまったく違う世界で、青木はみんなに、車券を買うことをすすめる。

「何でミッドナイトが売れるかというと、お金を下ろしにいかないから。買ういっぽう。昼間は、車券を現金で買う。昼間やる人は当ったら、またいろいろなところを買うから。現場には、ポイントはないからね。それぞれに必勝法がある。七車で、細切れ戦は難しいわけじゃない。ラインが2―2―1とか。それでも買える。三十倍人気以上を買うとか。そのために人気ベスト10がでるんだから。その予想法がかかれば(当たれば)儲かる。選手で買うんじゃない。お客さんで、好きな人がいて、予想してくれと電話がかかってくる。たまたま考えた。チャレンジの場合は、どんぐりの背比べなんだから。人気順で買ったほうがいい。七車で二万円、三万円ついたら、良いじゃん」

予想する楽しさではないが、車券が当れば誰でも嬉しいのだ。

「俺よりも競輪が好きな人がいた」と、あるとき、青木が驚いたようにいったことがあった。「俺が商売をしている間はずっと来たいって。家を売って、ベンツも売って、土地も売って、お墓まで売った。競輪が好きで。毎日通ってきた。一人暮らしだった。今、生活保護を受けていて、まだ来てるなあ。それでも百円二百円買ってる。大金持ちだった。最初は競馬だったといっていた。そんな人は一杯いるって。競輪場に来る人っていうのは、毎日、同じところで見るじゃない。それで挨拶するようになって、『おはようございます』っていうじゃん。『あんちゃん、たまには乗るよ』っていうのが最初なんだ。そして、知り合いになった。喋らない人は喋らない。予想屋さんの相手をすると損するから。どっちかなんだよね。それぞれ、見る場所が違うから。二階で見る人は二階で見る。一階の人は一階で。見る場所が違うから。俺のベスト10に入る人がいてさ。帰りに、お礼するから寄れよっていって。焼き肉屋に行って、『これどう思う』『いいんじゃないですか』。当たれば、大儲け。外れれば、何もない。本当に、糸のつながり」

だまされたこともある。良いことばかりではない。

「『こういうのやりたいんだけど、乗る』って。『ちょっと乗っちゃおうかなあ』とか。そういうのは駄目なんだよね。店出すとか。くれっぷりの良い人はアブねえんだよ」

青木は常に二十四時間、競輪のことを考えていて、さらにそれが楽しいのだ。

「寝るときにも競輪のことしか考えていない。あのとき、ああ予想していれば当たったのになあと。悔しいときの方が考えてるなあ。ああ予想してれば、三万になってたなあとか。自分でも買ってりゃあ良かったとか。ひどいときには、花月園の菊花賞の、初日の特選が頭に入ってくる。すごい悔しかったんだ。今でも思い出す。滝澤正光(四三期・千葉)が逃げて、尾崎雅彦(三九期・東京)が頭で、郡司盛夫(五〇期・神奈川)が競って、俵信之(五三期・北海道)と尾崎が競って、二着が増子政明(四〇期・茨城)だった。

当時はまだ枠で❷❺、枠で❷❻と前発表したんだ。その❷❻が当たって、一万二千円ついた。でもその❷❻の万シューがうれしくないんだ。滝澤からで、予想が売れないんだ。❷❻当たっているのに。簡単なレースだったんだよ。❷❻買ってない人が多いんだ。優勝は滝澤で仕方がないと。そのとき、尾崎が好きで、一押しだったんだ。東京のプリンスっていうあだ名が付いた。三万円もっていた人がいて、少しお礼してもらったから、ももやは少し吹っ飛んだけど。自分も買いたかったから、思い出す」

それが今でも青木の頭に鮮明に残っている。まるで昨日のことのように青木は話す。

「自然とそういうときのことが頭に出てくる。競輪は語ると二日三日かかるじゃない。車券は買って面白いけど、それだけ取るには自分独自で勉強しなけりゃ駄目だね。取った取ったといっても、そんなに取った人はいないもん。いろいろな買い方で取っている人がいる。それはすごい大事。まだお札で買っている人は傷んでないわけじゃん。田地田畑《でんちでんばた》売り払っているわけじゃない。楽しいけど、勘が悪いときには何をやっても駄目」

青木の予想のなかには、やはり常に父親の満がいるようだ。当然認めてはいるが、どこかで常に比べているところがある。

「俺は親父が現場に立っているのは見てないから。昔は、競輪っていっても、何か分からない時代だっただろうから、お客さんを騙《だま》せたんだろうな。今は毎日、同じお客さんが、来てるんだから、そこが違うよ。今の競輪は当てるのが大変なんだ。昔のレースは、当てても二百円、三百円という車券だった。朝十一時半から一レースが始まって、ね。B級で、会社の正午の休憩時間に、『ちょっと競輪に行こうか』と。それで、どっぷりはまっちゃう。今、現場に来ても利益が出ないから、若い人も来ないよ。

番組担当者がレースで、二分戦を作ってやればいいんだ。二分戦っていうのは、取りやすいんだよ。三分戦って、俺らが説明するライン戦があるじゃん。二分戦は、前を行く選手が引いて、後ろからドーンといけばいい。三分戦で後ろに置かれてしまったら、力がなければ、もう権利はないから。あとは、先行一車。今は、もうほとんどない。競輪場の番組さんが下手すぎるんだよ。JKAも熱い番組課長さんを作らなきゃ」

5　予想屋青木利光かく語りき

「予想の仕方が変ったかって？

そう、予想の仕方を前に戻した。予想の書き方を変えた。三着を三人に。三着が抜けちゃうんだ。こないだから、ルールが変って、三点にした。でも抜けちゃう。三着は二点だった。少し死んでもいいような先行選手を入れていた。で、もとに戻した。前に戻した。だから、抜ける。それは仕方がない。

今は予想を一レースごとに買うファンはいない。だから商売を、元号が令和になってからアドバイザーでいいじゃん。二通りいうと、車券を買う人が迷う。だから、これしかないと。迷わせない。訊いてきた人に対してのアドバイスをいう。昔は『ない』と、いっていた。今は『ないとはいわないよ』。昔は『差す、差さない』で『絶対差さない』といっていた。今は『絶対はない』という。今はフィフティ・フィフティ。どうしてそうなったか。今は勝負師の人が来ないからだ。今は三連単になったから駄目。

今、生き残るには、当てるしかない。今の競輪はそうだ。選手は休みなしに、走っていて、ガタがきている。落車しても、GⅢは出ないでも、GⅠは出る。賞金がいいから。走るほうの選手にしてみれば、出ないと賞金は出ないのだから。超一流の選手は鎖骨骨折していても車券が売れるから。そこを俺らはアドバイスする。

何でなのかというと、お客さんは知らないんだよ。お客さんは、予想紙を持っていないから。予想紙を持っている人は、診断書が出ているから。お客さんは、鎖骨骨折は分かっても、突起骨折は分からない。俺たちも選手に『これはどこの骨』って訊く。そういう選手は予想屋としては切るんだ。特に先行選手の場合は。それはちょっと昔、選手に訊いて、『鎖骨を折ると、引く力がなくて、脚でこいでも、駄目なんです』と、まくる力がなくて、駄目だと。選手に聞いた。なかには、例外で、力もあり、最後の一発でまくったという例もある。そんな選手もいる。

ここんとこ、アドバイザーでいく。二十年やっているんだから。競輪の最盛期で入って。頼ってくれる人が一人いればいい。場外と本場の開催とは違う。本場のときはバンクで見る人が多い。場外では座っている人が多い。本場は顔見せから見ていて、人の流れがある。場外の場合は座っている人が多く、予想も売れない。俺には本場だろうが、場外だろうが、関係ない。それなりのアドバイスをすれば、ご祝儀を貰えるんだから。そこは企業秘密だよ。金額はいわないけどね。（予想屋さんを）頼らない人は頼らない。俺のところに来る人は、俺も変っているから、変った人が多いのかもしれない。競輪も好きなのだろうが、お金を増やしたいという想いなのだろうが、かなりつぎ込んでいる。もってきたお金よりも、ちょっとだけでも増えれば良いと思っている。それでいいと。

それでもやられる方が多いだろうなあ。一万円やられても、飲みに行ったと思えば良い。でも五回やられると、元気がなくなる。

車券をボックスで買うときには、かならず八番を入れて買っている。ひっかかれば良いわけだ。どうやってお客さんが来るのか？　そりゃあ、遠くで見ていて。それで、ご祝儀がすごいから、信用があるからなんだろうなあ。それでついつい来てしまったんだろうなあ。他の予想屋さんのところにも行っていたんだろうなあ。いろんな人がいる。数え切れないほど。そのひとりずつに対応するのがアドバイザー。みんなお金を増やそうとしているかって？　一概にはいえないなあ。競輪が好き、それも違うなあ。賭け事が好きというのは、共通しているかも。ジャンの音が好きという人はほとんど、もういなくなっている。亡くなって。昔は、あの音が好きという人がいた。

昔の人は本命党は長く続かないとかいっていた。だから、穴を買うほうが良いと。そんなことはない。

飲む、打つ、買うの三つをやったら駄目だ。それが基本。二つまでくらいだったら、良いかも。それを三つやったら、すぐになくなってしまう。見ていたら、分かる。競輪に来るよね、負けたからって、夜、飲みに行くよね、それで女を買っちゃう。全部、マイナスだ。次の日、競輪に勝つよね、それで、勝ったら、飲みに行っちゃうよね。それで残らない。

長く続いている人は友達がいない。ひとりで来て、ひとりで勝負している。それで、われわれとは喋らない。損するから。昔は勝負師が一杯いたから、そういう人たちがどんな買い方をするのか、穴場に付いていって、見ていた。昔は見ることができたからね。それで、勉強した。

昔は、『電車賃まで車券を買え』といっていた。それだけ車券が堅いと。『電車賃を貸してくれ』と言われたことはないなあ。やられたから、歩いて帰るっていう人はいる。今はキセルができないだろう。今のコはキセルは分からない。

うちの親父もいっていた、『西は西の競輪がある』って。何が違うのか。昔は、佐世保競輪は八車立てだったんだね。違っていたんだ。俺の記憶だと。

うちの親父は、選手と仲が良かったから、それで全国のいろいろな競輪場に行っていた。『脚が痒《かゆ》いから○○に行ってくる』といっていた。『脚が痒《かゆ》い』というのは絶好調のことだ。『親父、来てくれ』と、選手がいっていた。鶴見(横浜)で旅館をやっていたので、選手とは仲が良かった。賞金よりも八百長をして、儲《もう》けたほうが良い時代があったのだろう。よくバレないようにやっていたんじゃないの。八百長は力がある人しかできない。

『何が八百長なの?』と、親父に訊いたことがある。ぐりぐりの大本命が消えても、今は三連単だから意味がない。昔は違った。裏表じゃん。それで十周でしょ。十二人じゃん。だれに訊いても分からない。

ヘルメットから白い布が出ていると、やめるの合図。今のようなヘルメットじゃない。それを金網から見てる。あと、お尻、くっくっと振る。それが分かんないんだよ。ハンドルのところの指を三とか出すとか。そういうのは作り話かもしれないけど。

昔は八百長とはいわなかった。『仕事した』という。『これ絶対、仕事が入りますから』と、投資家のところに言いに行って、一緒に、競輪場に出かけたりした、という。親父もあとになって、親父は、自分だって、車券買っていて『これ八百長だ』といっていた。そんなことはないのに。当らないとそういっていた。

うちの親父も『競輪はなくならない』といっていた。でも今は競輪が競る競輪ではなく、カタカナのケイリンになってしまった。オリンピックで競輪選手が活躍してその後、競輪場に来た。永井清史（岐阜）とか、長塚智広（茨城）とか、平塚競輪場に来た。メダリストが出るというので、新しいお客さんが見に来ていた。二日目から来なくなった。あんなに弱いのって。オリンピックは、お金をかけていないから。ＪＫＡの人たちは、自分たちが車券を買わないから分からない。『何買ってんの？』と、訊いたら、現場に行く前に、『モーニングを買ってる』って。情報なんていいんじゃない、適当に買っているんじゃない。それでいいんだよ。当てたいっていっても、ある程度、天性のものがある。

バクチだから。全員が全員、儲《もう》かるわけじゃないから。

一番大切なのは、カネなんだから。持ってないと儲からない。百円玉ギャンブラーは百円玉の価値しか儲からない。その人の大きさに合わせて買えば良いんだよ。それぞれの楽しみ方で。夜は、気楽に一杯楽しみながら、やればいい。選手なんか、どうでもいいんだから。人気順で買えば良いんだよ。ミッドナイトも見るけど、眠い。面白いよ。競輪が好きだから。面白いのは、選手で買うのではなく、目で買う買い方。好きな数字で買い続ける。

夏、暑くて、競輪場に着くまでに汗でびちょびちょになる。競輪場に来る前にへとへとになる。洋服を脱いで、ハンガーにかけて干す。だから裸で予想してる。自分の予想はもう、ポリシーができているから、早いんだよ。

競輪がはじまったころは、お客さんも競輪を知らないから、変な意味でも騙《だま》せたんだよ。『当った、当った』で、それで通っていた時代だから。今は毎日同じお客さんが来ていて『当りっこないから買わないよ』となる。今は当てるのは大変だ。

こないだ、調べたんだけど、オレが生まれた日は川崎競輪の最終日だったんだ。川崎があんなに駄目になるとは思わなかった。あの頃は売れて売れて、前の晩から眠れなかった。いいのを当ててやれって。今はそういう意欲はない。

家に帰ったら、その日のレースのダイジェストを見て。反省なんかしない。ただ見ているだけ。何回も見直すということもない。ただ一度、ぱっと見るだけ。過去のレースを見直すこともない。みんな『車券買わずに、見ているだけで、面白い?』っていうけど、俺は面白い。休みの時は競輪はあまり見ない。好きなお笑いの番組を見たりしている」

第七章　競輪よ、永遠なれ

1　競輪の神様はどうしたら微笑んでくれるか

年末にその年の最高峰のレース、ＫＥＩＲＩＮグランプリが一発勝負で行われる。その年に活躍したトップの九選手によって争われる。その賞金の額もそうだが、何よりも選手としての名誉が与えられる。その年の本当のトップが決まる。グランプリの第一回は、立川競輪場で行われた。

《ＫＥＩＲＩＮグランプリ　一九八五（昭和六〇）年、売り上げをどうすれば上げることができるかという業界をあげての話のなかで、年末の一発勝負として、始まった。首都圏の競輪場ということで、立川競輪場が選ばれた。優勝賞金は一〇〇〇万円だった。立川競輪場は四万人の競輪ファンで溢《あふ》れた。売り上げも約十二億円だった。》

「昔はグランプリのときには、（特別に）予想代は二百円だった。『グランプリだけください』という人もいた。今はそうしたことはやってない」と、青木利光はいう。

どうして、競輪ファンはグランプリの車券を買うか。良い正月を迎えるとかではなく、車券納めでもあり、また自分の車券戦術を確かめることでもあり、自分が誰が好きなのかを確認するレースでもある。

「第一回のＫＥＩＲＩＮグランプリはうちの親方とお客さんと一緒に、立川競輪場に見に行った。中野(浩一)さんを見た。予想はしなかったなあ。立川競輪場のゴール前で見てた。第一回はお客さんはそんなに入っていなかった。そんなに売れてなかった。今みたいなことはない。一番売れていたころは一レースで百億円売れていた。中野さんと井上(茂徳)さんしか印象にないなあ」

どうも青木の印象は、資料とは少し違っているようだ。

時は移って、二〇一九(令和元)年のＫＥＩＲＩＮグランプリ２０１９はその立川競輪場で行われた。出場メンバーは、以下の通り。その年の九人が暮れの大一番を走る。

❶中川誠一郎
❷松浦悠士
❸脇本雄太
❹佐藤慎太郎
❺清水裕友
❻郡司浩平

❼新田祐大
❽平原康多
❾村上博幸

「俺の予想が中川っていうと、みんな、なんだ、清水じゃねえのかっていう。根拠があっていってているのに。清水っていうのが多いなあ。新田っていうのもあんまりいないんだよ。最終的にまくってくるじゃん。展開は、逃げるのは脇本。でも、逃がしちゃうと、捕まえられなくなる。そこを清水がぶったたきに来る。中川は、日本で一番強い選手を抜けるのは、あいつだけだから。逃げるのは、脇本で、三番手に誰が入ってくるか。平原かな」

単騎の人たちはどう戦うのかが注目された。そこの部分で予想が大きく変ってくることになる。その点についても、展開を青木は読んでの予想だった。

「何にもできないよ。位置取りがうまいのは、平原と清水。清水はスピードがあるから。平原は、脇本が逃げたら、まくれないよ。そんな力はない。平原は番手を回ったらうまいのは認める。新田はまくれる。新田は七番手。(予想の)目でも中川の一番は強い」

青木のグランプリの予想は特に、グランプリだからというのではなく、淡々としていて、いつもと変らない。それは青木の競輪に対する姿勢を示しているようだ。

「良いマーク屋は、ラインを大事にして、どこをとってくれるか。佐藤がちぎれるのは分っているけど、新田さんのために、スタートをとってくれるか」

「迷ったときには、閃《ひらめ》きも大事なんだよ。今年のグランプリは迷ってない。記者会見をやる前は清水かなと思っていたが。競輪祭が終わった時点で中川。大外を一気に追い込んでくるGⅠがあったじゃん。前は、お客さんに、競輪祭の一着二着がグランプリにでるんだよっていっていた。今年は新旧交代で、清水君と松浦君が二、三着に入ってくると」

《KEIRINグランプリ2019の結果　スタートは、するするっと佐藤慎太郎がとった。それで並びは、❼新田❹佐藤―❺清水❷松浦―❽平原❶中川❸脇本―❾村上❻郡司となり、周回を重ねる。そのままの流れで、誰も動かない。グランプリは動かないほうが有利だと分かっているからだ。赤板で、しきりに❺清水が後ろを警戒している。すかさず、❸脇本が上昇する。すぐに、❾村上がいなくなる。❸脇本が先行体制に入る。しかし、勝ちたいという気持ちからか、かなり遅いスタートとなったことでレースが一気にヒートアップする。❹佐藤が差す。ゴート後、右手を高く掲げる。❸脇本が二着に残る。❽平原が外を追い込んで、三着。ベテランの捌《さば》きを見せた。》

「年末の立川の競輪グランプリは駄目でした。全然、惜しくもなかった。(予想は)中川(誠一郎)にしたから。反省材料もないなあ。レースは新田がうまかったな。新田が絶対に来るなあとは思っていたから。脇本の後ろは切れると思ったが、切れるも何も簡単に飛ばされちゃった」

青木は、二〇一九年のグランプリを振り返りながら、自分の予想がはずれたことは、一切の説明をしなかった。青木にとっては、グランプリも毎日行われているレースのひとつにすぎないというように、淡々としていた。

「知り合いで、グランプリの車券を取った人がふたりいた。一人は今まで出たグランプリの目で買ったというんだ。❹❸❽。今まで出た三連単の目だっていってたな。その人は百円ずつのボックスで買った。合計千二百円で。もうひとりは自分の誕生日で買った」

《グランプリ過去の目　佐藤慎太郎・脇本雄太・平原康多の順で、❹❸❽の車番で、三連単が十四万三千九百二十円の配当だった。過去にこの目できたのは、二〇一二(平成二四)年の京王閣のグランプリで村上義弘・成田和也・浅井康太で❹❸❽で入ったレースだ。三連単が八万四八〇〇円の配当だった。》

「平塚競輪場で、女の人が、うろうろしていたので、聞いた。

『どうしたんですか』と。五十代から六十代くらいの品のよさそうな女性二人組だった。

『私千円持っているんですけど』というから、『ここじゃ取り替えられないよ』といったの。高額払い戻しになるからと、その場所を教えた。

『どうして当てたのか参考に聞かせてください』と、その人に話を聞いたんだ。

『主人は競輪好きなんですけど病院に入っていて来れないので私が代わりに買いに来た』という。

『行くならこういう目を買えば』と、ご主人にいわれたという。今までグランプリで出た目で、そのボックスで買ったということだった。百四十万円になった。良いお年玉だよ。毎日、競輪をやるようなタイプじゃないから。一年に一度、競輪グランプリだけだろうなあ。

『来年はここでやるんですか』っていうから、『そうです』といった。今年のグランプリに来るかもしれないな。とりあえず、平塚競輪場では大口の払い戻しは四人といっていた。ひとりは千円、もうひとりは二千円っていったかな。乱数表みたいなもので目で買うしかないなあ。

加藤慎平がグランプリを取ったときの目だったんだなあ。何年だったかなあ。一着が❹二着が❸で三着が❽」

《数字に強い青木だがそのレースについてははっきりとは覚えていなかった。もう青木にとっては遠い過去のことなのか。》

「知り合いで、そのグランプリの車券を百円取った人はおそばやさんで、俺の知り合いが頼まれたものだった。聞くところによると、競馬の馬の名前が何とかで、その名前で買って取れたとか。千二百円で。二百円の人は二点買いだったよ」

2　競輪界、予想屋、競輪の将来、そして青木の語り

青木利光に、弟子入りして一人前になったと自分で思ったのはいつごろだったのかと訊いた。

「二年がすぎて、『もうお前良いよ』って。そのときには、まだ下にいたから。それだけ怖かった。お客さんの目が。下にいるときは、親方の常連さんと気楽に話ができた。あの頃はお客さんが多かったから。予想もあの頃は二車単だったから、簡単にいえた。売るテクニックはなかったけど。『早く(予想台に)乗りたいな』というのはあった」

予想の台に乗ってからは？

「台を貰って、親方と裏表でやってて、川崎の桜花賞がデビュー戦。当たったんだよ。がっぽがっぽなんないんだよ。カラ当たりなんだよ。新人だから売れないんだよ。まだ信用性がないんだよ。当たったよ。難しい世界なんだよ。親方が『何やってんだよ』って。『代われっ』て。ただ、親方の常連さんがご祝儀をくれるだけで。フリーのお客さんが来ない。だんだん、自分で分ってくる。予想の枚数が売れてくるから。だんだん『信者』が増えてくる。蟻がね、角砂糖に集まってくるようにだんだん集まってくる。『ケツの三つのうちに一個当ててくれれば良いよ』っていうように集まってくる。それは平日で土曜日曜はまたお客さんが違うから」

見ていると青木のところだけに、お客さんが集まってくるのは、やはりその人柄か、その予想のテクニックなのか。過去の実績なのか。それでも、青木は常に淡々としている。

「去年は、商売は全然駄目。見ていてわかるでしょ。競輪は開催しすぎだよ。毎日来てればやられることは分かっているもの。それでも、年寄りは、競輪場に来るのが健康法なんじゃないの。競輪やって。だんだん、ボケてくるんだよ。今日来たお爺さんも『記念の四連勝はない』とか、能書きを垂れるから、『そうじゃないんだよ』と。『違うよ』と、納得させなきゃならない。いうこと聞かないんだから。決勝だけは買うんだ、あのお爺さん。昔から来ているよ。❹と❽は落車がなければ乗らなかったというのが分らないんだ。分っていればその車券は買わない。記念の四連勝は、中川

（誠一郎）、平原（康多）も伏見（俊昭）もあるんだよ。『爺ちゃん名前いってみな』っていった。言えねえんだよ。六人くらいしかいないんだよ。中村浩だって、松戸でやったことある。そのことを知らないいんだ。有名どころしか知らない。もう年齢的には、取られて熱くなるような金額をかけていない。ただ、競輪は選手が強くないと面白くない。選手のトップが良い車に乗ってるとか、子どもたちが憧れるような存在でなければ未来はない。『競輪選手になりたいな』と、子どもが思うような存在でなければ駄目だ。稼いで」

ここでも青木の持論が出てくる。それは常に変らない。

四年に一度、オリンピックがあるごとに、競輪界も選手が話題になり、さらには、メダルを取ったときには、大きな記事になり、にわか競輪ファンも競輪場に足を運ぶ。しかし、ケイリンと競輪の違いを知り、競技で強くても、車券とは違うことに気付き、またすぐに遠ざかっていくのだと何度もいう。その光景を青木は、これまでに何回も見ていた。そのことを話す。ケイリンと競輪の違いなど、普通のファンには分からない。また、分からなくて、知らなくて当然だ。

「正月からカレンダー通りに働いていた。競輪場には元旦なんかはお客さんは少ない。名前も予想屋さんからアドバイザーに変えたっていってるじゃない。でも、競輪が好きだから休まない。来ればお客さんが必ず聞きにくるわけよ。ひとり、ふたり、三人と、こっちで対応してあげれば、必ず見返りはあるから。今度良いのは年金が出てからで多少なりともね。今、年金を貰っている人は若い頃、競輪が好きだった人が多いから。お正月のお年玉もめっきり少なくなったよ。お正月っていってもだいたい三日からだからね。商人は元旦からお金を使わないんだよ。そうだよ。知らなかった？　元旦からお金を使うと、その一年、お金が出ちゃうからって。だからお金は二日から使う。縁起を担《かつ》いでいる人は、元旦にはお金を使わない。そういう人が多い。昔の競輪の開催は三日からだったよ。（一月二十日の大宮記念が終わってから次のいわき平記念の二十三日までの三日間）先日の休みも、何もしないで、のんびりしていた。どこにも行かない。たまっているビデオを見たり、いつもと変らない。どこかに行こうという気力もない。若いときだったら、『オートレースに行こうか』とか、『競輪に行こうか』というのがあったかもしれないけど、今はないなあ」

平塚競輪場で、あるとき、青木のことを「親父さん」と、呼びかけたお客さんがいた。青木に車券のことを聞いて、またどこかに行った。そのお客さんの姿がみえなくなったときに、青木が私に「親父さんって呼ばれたよ。確かにそういう歳なんだな」と、しみじみといった。これまでいつも青木は「おにいちゃん」と呼ばれていた。そのお客さんは、いつも来ている常連さんで、青木から、予想を三個レースだけ買うのだという。朝から来ていても、買う予想は後半の三個レース。しかも、そのときに、必ず、そのなかでも、「気のあるところはどこか」と、青木に聞いて、さらに青木の予想のメモに印を付けるようにいう。「これはいくら買っても平気だよ」といいながら、その日のレースで、自信があるところを青木がペンでぐるぐると印をつけた。青木が、印を付けるのをじっと見ていて「ここですね」と念を押すようにいって帰っていった。

「俺を信じて、一回でも二回でも良い思いをしたことがあるんじゃないの」と青木はいう。その人は毎日来るのではなく、来るのは最終日の決勝だけだという。日曜日だけ、三百円出して、後半三個レースの予想を青木から買う。前売りで買うので、どのくらい車券を買っているのかも分らない。いつも前売りを買って帰る。青木に予想を聞いて、当たっても、次に来たときには、ご祝儀は持って来ない。青木には、もう誰がご祝儀を持ってくるか、自分のお客さんになるかどうかなど、そうしたこともすぐに分かる。

「こないだ、ちょっと新しい人が来ていて、相当買っていたけど、この三日間、来ないなあ。建設の仕事で、景気が良いようなことはいっている。あるときは、角砂糖に蟻が群がるようにお客さんが俺の周りに集まった。予想を売る以外にも、口っぱりもあった。お客さんに直接、口で予想を伝えるやり方だ。逃げ道はいくらでもある。誰に何を教えたかは覚えている。この人は本命しか買わない、穴しか買わないって分かってるから。誰に何を教えたかは、覚えてるよ。そのときに、口で車番をいうと他のお客さんにバレちゃうから、❶から❾までの言葉は使わない。みんな耳を大きくして、ダンボの耳で聞いているから。ＡＢＣで教える。本線がＡＢＣだとすると『ＡＣ勝負だよ』というようにいうんだ。その頃は二車単だったから。それは独自に考えた。他のお客さんにバレないようにね。ラインの三番手からだと、今のお客さんは突き抜けで三番手から全通り買えば、大穴が取れるから。競輪場で大金を使う人を見ている。俺は、何を買うか付いて行くから。オートレースでも何でも。買うなと思ったら、その人の後ろを付いて行く。

大金でいえば、坂本勉の大ファンのおばさんが花月園競輪に来たときだった。銀行員を従えて、何千万単位で買っていた。朝から買うものだから、オッズのスタートが百十円とかになっていた。まだ穴あき車券のころ、特観席の最前列に陣取って、山ほどの外れ車券を積み上げていた人とかもいた。『わあ、すげえなあ』と、見ていた」

その当時の人で、今でもいる人はいるのだろうか。よく青木は、自分のところに来る大口を打つお客さんの寿命は二年といっている。それだけ太く短く打つのだろう。

「お客さんはいるよ。デビューのときから、来ている人はいるよ」

競輪の予想は素人でも、誰でもできる。そのプロということはすごいことだ。どこが素人とは違うのか。素人の予想はあくまでも素人。プロとはどこが違うのか。

「そりゃあ。何が違うか。われわれは、予想を当てて、その見返りをもらわなきゃいけない。予想紙やスポーツ新聞の人たちは、給料をもらっているから。当てなくても良い。その違いじゃないかな。真剣なのは向こうもそうだよ。俺らは自分でアレンジして出さないといけない。スポーツ新聞、専門紙は、これは本線、これは別線、ＢＯＸでとか。俺らは、そんなに点数をかけないから。一着二着三着を百円で売っているのが、生活だから。それも売れなくなってきたら、ひもじい生活で、必死になっている。向こうは、文句をいわれないじゃない。新聞は朝、印刷したら、おわりじゃん。こっちは目の前で文句をいわれる。文句はいわなくても、買わなくなるじゃん。その差だよ」と青木はいう。

予想代金は百円で、その百円があれば、車券を買うことができる。それは大きい。いつも疑問に思っていた。

「予想を買わなくても車券を買えっていっても、不思議に予想を買うんだよ」

青木のいうことにも真理はある。競輪ファンは常に、自分の予想には根拠のない自信を持っている。だから、どこかで背中を押して貰いたいのだ。そこで頼るのは、予想屋さんということになる。その予想屋さんも誰でも良いわけではない。競輪場にいるどの予想屋さんにするか、そこにも予想の要素が入っているからおかしい。

「常連さんは癖があるから、和気藹々《わきあいあい》にしてくれるから、相談に乗って、力を借りていると思うけど、ひとことふたこと。一見《いちげん》さんは、この予想屋さんが何を押しているかを知りたいという人もいるわけ。スポーツ新聞でもいいけど、今、当たっているから百円で買って、三連複で買おうとしている人だと俺は思うよ。競輪って、自分で考えて当たると面白いんだよ。

自分で買って当てると、損しないじゃん。俺の予想を買うと、俺の目も買わないといけないから損する。お客さんは自分の目も買いたいわけだから、ダブルで買うんだから。穴を格好良く当てたいけど、十万二十万の車券を当てたら格好良いと思うけど、でたらめじゃあ当たらない。

そんなのばっかり買ってたら、当たんないし、❹❻❽ばかり買っていたら、当たるときには当たる。大きいかもしれない。ただそれだけだよ。いつ当たるかは分からない。そういう人には、俺は目で教えてあげる。当たった時は騒ぐが、当たらないときには、シュンとするしかない。それは仕方がない。当たってないのに、ぎゃあぎゃあいうのは悪いから。当たったら『どうだ』となる。昔からそうだよ。野球と同じ、九回の裏で押さえるか押さえないか、その差だよ。予想屋のプロというのは、車券を買ってないからね、プロというのは、これでご飯を食べれる人のこと。それでおまんま食わせて貰えているから。ファンがいて。もしも、喰えていなかったら、他の仕事をしている。昔は車券師っていたんだね。無駄券を買わないで、良いところだけ買う。そういう人はわれわれとは喋らない。車券師っていうのは今はもういないでしょ。

ギャンブル場にいると、冷静さに欠けるんだよ。丁か半かで、昔なら一万円が二万円になったら、儲《もう》かったってなっていたけど、今はそれじゃない。三連単で大きく狙う。その差だよ。

『二百円つくから一万円買えば』っていっても、

『えっ、一万円しか儲からない』ってなっちゃう。

今の人はそれができない。博打だから、倍になればいい」

辿《たど》り着くところは、いつもそうだが、「競輪は奥が深いから」というところだ。だから、競輪はおもしろい。

青木はいう。

「競輪場で、百円買う人も、千円買う人も、一万円買う人も、百万円買う人も同じ扱いだから、駄目なんだよ。百円買っている奴のほうがいばっているんだから。いつもいうんだ、『椅子取りはさせるな』って。『来ます』っていって場所を取ってしまう年寄りが多すぎる」

老人にとっては、競輪場は、ほっとする場所だったり、仲間とわいわい話をする場所だったり、ただ賭け事をするだけではなく、昔とは少し違う場所にもなっているようだ。

「競輪は毎日やっているんだから。うちの親父はよくいっていた。『公営ギャンブルはなくならないよ』って。本紙っていっている、競輪の予想紙も売れないでしょ。無料の出走表を持っていればいいわけで。もっと簡単に取りやすくしてあげないとお客さんは来ない。かといって、若い子がやるかといってもやらない。

競輪の放送に選手のOBを使いすぎる。解説もうまくもないのに。取材も勉強もしてなくて。放送を聞いていると、お客さんが迷っちゃうよ。

ある解説者はよく『選手がいってました』という。『きょうは新車だ』って。おじいちゃんたちは、新車だって、分かんない。あれは伏せておいたほうがいい。きょうは新車だったら、それで駄目だったら、もう一度再検査してもらって、こっちの自転車に乗り換えてってやるんだろうが、お客さんのお金がかかってるんだから、前検日にやってもらわないと。彼らはGIのためにそれをやっているわけでしょ。飛んじゃったときに、弁償してよってなっちゃうわけじゃない。自転車競技じゃないんだから。

お客さんが減ったね。昔は青紙に貼ったご祝儀で見えなくなったもの。今はないからね。これも流れだし、仕方がないですよ。競輪は面白いよ。予想するのはもっと面白いよ」

青木は予想屋を辞めようと思ったことはあるのだろうか。

「なくはないよ。スランプもあるんだから。ぐぐっときたときには、がつんと潰《つぶ》されるじゃん。予想はマンネリ化が一番。やたらに変えない。

三着を三人にしてみたり。いろいろやった。抜けるから。でも、戻した。二人にした。あとはアドバイスする。基本は二車単が当たらないと駄目。

《やはり、予想屋という職業は青木にとっては天職だ。》

他にも商売やっていたけど、あまり残らなかったからね。元手《もとで》がかかるから。次に生まれ変わっても、もう一回この仕事をやるよ。われわれの商売は自然消滅でしょ。予想屋でも生き残れる人が何人いるか。俺は身体が丈夫だったら三百六十五日営業してますよ。良い商売だと思う。ストレスがないから。穴で取っている人というのは、結構長続きするよね。一年間、穴で買っていて、一カ月に一回当たれば、しばらく遊べる。本命党は長続きしない。ガールズは初日の強いのが乗った一個レース。

配当は二百円前後かもしれないが、投資するなら。

みんな、昔からそうだが、難しい競輪に手をだしたがるんだな。番組作った人が買えるかといったら、買えないでしょ。万一買ってもいいですよって。地元有利に組んでいても来ないからね。（施行者も）穴ばっかりあいても、売り上げは上がんないからね。昔は並んだままで入ったというレースは何個もあった。お年寄りはよくいうんだけど、『お年寄りの遊び場をなくさないでくれ』って。

予想屋さんを頼る人は一割いないいんじゃない。また、俺らがいないと、競輪場も静かすぎてつまんないんじゃない。予想屋さんも一人じゃ駄目なんだ、何人かいないと、競争しないと。

俺も六十すぎてんから、隣に二十代の予想屋が来られたら、勝てない。二十代のライバルがいないから、まだやれている。やれる？　ははは、軽くひねっちゃう？　自分では負けないように努力はしてんだけど。いかんせん、勘が悪くなったら、駄目だし。

記憶力は変んない。本当に、競輪が好きじゃないとこの商売はやっていけない。予想屋は当たんなくても、カネにしないといけないから。当たってカネにするのは当然のこと。番手は譲りますよ、というタイプではないから、誰が来ても競り落とす。もうちぎれてきちゃっているけどね。

本当に、この仕事は面白いよ。新聞見て、誰が逃げると予想していって、お客さんが買いに来るんだから。当たんないからと文句いう人がいるわけじゃないし。相手は素人だから、展開だから仕方がない、といって終わる」という。

「利光さんは競輪選手でいえば、予想屋さんではS級ですよね」と、訊いたときだ。

「もう落っこちたよ。A級だよ」と、青木は笑い飛ばした。そして「競輪は人生そのものじゃないよ。競輪人生で、三分の二はいっちゃってるんだけどさ」といった。

どの世界でもトップを常に維持するのは大変だ。しかし、少しでも長くその世界を維持することはできる。

賭けごとはアルコール同様、人類の歴史とともに始まっているといわれ、それを考えれば競輪の歴史などわずか七十年にすぎない。そのなかでわれわれは日々、ああでもない、こうでもないと予想しているのだ。

3　新型コロナウイルスの猛威

誰も予想していなかったことだった。

令和二(二〇二〇)年も明けて、落ち着いた二月になって、競輪界に激震が走った。新型コロナウイルスの感染が世界中で拡大して、暴走して止まらなくなった。そのために、感染拡大を抑えるために、競輪界でもさまざまな手が打たれることになった。そこで、二月二七日からのレースが無観客開催となった。競輪場は多くの人が集まる場所だ。そのために、警戒を強めていたところだった。車券を買うのは、電話投票とインターネット投票だけになった。

新型コロナウイルスは青木利光の仕事も直撃した。

一夜にして、仕事がなくなった。前夜に、コンサルタント協会の理事長から青木のところに電話があり、事情を聞いた。急に仕事がなくなったが、仕方がない。その間の補償も何もない。それが、予想屋という仕事だ。当初こそ、三月十九日までと期限を切っていたから、目標があった。その後、政府が動いて、新型コロナウイルスの封じ込めのために、当面の間という期間を切らずに徹底的に行うことになり、さらには全国での感染者も増え続けた。競輪場は無観客ということが続いていた。

青木は、すっかり弱気になっていたように見えた。それまで見ていた競輪場での姿とはまるで違っていた。

「家でぶらぶらしているよ」と、電話の向こうの青木の声は力がなかった。

これまでに聞いたことのないような力のない青木の声だった。

それは競輪の展開は読めても、実際に先が読めないことの証明でもあった。

かつて青木が私にいったことがある。

予想屋さんの言葉に「予想は難しい、蒟蒻《こんにゃく》の裏表が分からないのと同じ」というのがあると。

確かに、蒟蒻はどちらが表か裏かは分からない。そもそも表や裏があるとは思えない。

すでに無観客でレースが行われて、半月以上が経過したころ、青木に話を聞こうと電話すると、少し疲れたような声で、「毎日、同じ生活だよ」と、返ってきた。

それでも、レースはスピードチャンネルで毎日見ていた。「こればっかりは仕方ないよ」と、弱気だ。自分の力ではもう、どうしようもない。

「ふふふっ」

いつ再開されるのか、期限が切られていたら、そこではやりようもあるだろうが、先の見えないトンネルに入ってしまっているから、どうしようもない。玉野競輪場では、二〇二〇(令和二)年四月二日からの開催が、参加選手の親族が感染して、保健所から濃厚接触者ということで、隔離を指示されたことで、他の選手の安全を考えて、開催が急遽《きゅうきょ》中止された。

これから先、競輪はどうなっていくのか、ここでも長いトンネルが待っていた。選手も、いつ開催が中止となり、あっせんが止まるのか、気が気ではない。安心しておちおちと練習できない日々が始まった。

その後、四月八日には東京をはじめ全国七都県で、非常事態宣言が出された。安部総理が記者会見を行い、外出の自粛を要請した。そのため、該当の東京都をはじめ、いくつかの県では競輪の開催が中止になった。平塚競輪も予定されていた記念が中止となった。

さらに、感染拡大を抑えるために、全国規模での開催中止が続々と決まった。競輪は無観客でレースを行ったとしても、基本、全国から選手が集まることから、感染のリスクが高くなる。しかも、公正の面から、選手宿舎に百人以上の選手が集団で生活することから、さらに感染のリスクは高い。何よりも、競輪場や場外車券売り場に多くの人が集まることから、無観客でのレースが続いていた。車券の発売も、電話投票とネットでの発売だけに制限された。そのため、実際にレースを開催することができないということになった。

青木は東日本大震災のときのことを思いだしていた。あのときも半月間ほどは、競輪場での仕事をすることはできなかった。青木はずっと自宅にいた。地震のときには、ちょうど仕事が休みで自宅のテレビでレースを見ていた。

「レースをやるなら、すぐにでも行くよ」と、青木はいう。

「お客さんからも、いつからやるんだ」と毎日のように青木のところに連絡がある。毎日、外に出るのは、一日四回、近所の公園に連れて行く犬の散歩だけで、本当に、暇だという。疲れることもない。髪も伸ばしっぱなしになっていた。ただ競輪のレースだけは、テレビでいつものように見ていた。だから、新人選手にしても、研究を続けている。予想に関しては、いつはじめても大丈夫だという。

「これからも予想屋を続ける」と青木はいう。「今は我慢《がまん》の時期だから」と、青木は自分自身に言い聞かせるようにいった。

4　変わらないということ

この日は全国的に梅雨の大雨で、上越地方の列車には、早朝、一部の列車が運休するほどの雨だった。青木利光はいつものように、待ち合わせのJR東海道線藤沢駅の改札口に午前七時すぎに、その姿をみせた。百二十日間の新型コロナウイルスによるブランクを久しぶりに会った青木は、まったく感じさせないほど、変わらずに元気だった。

それで百二十日間休んだことで変ったことは、四キロ体重が落ちたことだった。

「規則正しい生活をしていたから、体重が減った」と、青木は笑いながらいう。百二十日のブランクの後、小田原競輪場での松山FIの場外発売から、青木の仕事はスタートした。東日本大震災のときには、仕事は実際には約一カ月間休んだ。それに比べると、いかに今回の休みが長かったかが分かる。しかも、先が見えない休みだったから、精神的にも辛かった。このまま電話投票だけになってしまうのかな、という不安。それでも、青木は、予想屋をやめるとか、そういったことは考えなかった。もしも、競輪場での仕事がなくなったら、「そうなったら、そうなったとき」という思いだった。

再開の一週間前に青木は「小田原競輪場でお客さんを入れて場外発売を再開する」という連絡を受けて、ずっと「これからやっと仕事ができる」と、浮き浮きしていた。「競輪場に来れるんだから」

いつものように、これまでと同じで、前日にスマホでメンバーをチェックした。予想をするのは、競輪場に来てからというのも変わらない。競輪が好きなお客さんは絶対に来ると思っていた。いつものお客さんが三、四人来て、これまでと変わらないスタートだった。儲かるどうこうではなく、赤字にはならなかった。

「昔みたいには、お客さんは来ないいなんだから」

小田原競輪場での青木を見ていると、その予想も、商売も、青木のところに集まって来る人たちもまったく変ってはいなかった。

「何も変んないよ」と、青木はいう。

「国から、十万円(特別定額給付金)貰った人も、もうパチンコに使って残ってないらしい」と、お客さんを見ながら、青木はいう。「お客さんも、この自粛期間は普通に仕事していた人が多いね。お客さんも変わらない」とはいうが、「競輪が好きな人は来ているが、競輪場が再開したことを知らない人も多い。インターネットをやらないから、ホームページも見ないし、新聞の告知も読まない人もいるから」

　青木の小田原競輪場の予想台には「スーパーアドバイザー」というプレートが掲げられている。青木を待っていたお客さんも今まで通りだった。百二十日間の空白は青木には、何ひとつ関係なかった。

「この三日で、万シュウが三、四本。俺を信じて買った人は、儲かっているんじゃない」と、仕事を再開してからも相変わらずの青木だった。

「何にも変らないよ。予想の仕方も変わんないよ。今の商売は顧客の人が来ないと駄目だから」

　そのことを当然のことのように青木はいう。

「何かあっても、仕方がないんじゃない」

　新型コロナウイルス感染の第二波がきて、また仕事がなくなって、休むことになったとしても、それはそれで仕方がないと青木はいう。

「競輪場の人は、みんな強いんだよ。だから、平気。競輪場の年寄りは、日光に当たっても、熱中症にもなんないし、感染しないよ。（世間は新型コロナウイルスの）ワクチンができなけりゃ、駄目なんじゃないの」

　世間はリモートートワークだ、テレワークだといって、自宅で仕事をすることが多くなってきたが、青木の仕事はそうはいかない。

「それは給料が出る人はできるかもしれないけど、給料が出ないんだから、やっても仕方がないよ」

常連客から電話がかかってきても、その人が気になるレースを青木が見ていないから、アドバイスができない。

「(レースを)見ていないから、分かんない。無理、無理」と、すぐに断ってしまっていた。仕方がない。アドバイスをしてあげたくても、実際にレースを見ていないのだから、できない。これからも青木の仕事は、リモートワークできないだろう。だから、次に、何があっても、休むことになるだけだ。そのことは変わらない。もうきっぱりと分かっている。今までと何ひとつ変わらない。そのことも分かっている。それでもこの仕事を続ける。それも青木は決めている。

久しぶりに、青木に会いに行ったその日、小田原競輪場では、取手記念の場外発売を行っていた。

小田原駅からの競輪場への送迎バスは、乗るときにすでに警備員がマスクをしているかの確認と検温をする。バスに座るのも、二人掛けの座席に一人と決められている。雨が降っていたが、窓は少し開けている。競輪場に着いたら、競輪場の職員と警備員が総出で、今度は入口で検温と手の消毒をする。お客さんもマスクはしていないと入場できない。それでも、早朝から多くのお客さんでにぎわっていた。椅子も間隔をあけて座る。場内の方々に、そうした注意事項についての掲示が行われている。

ＪＫＡも、新型コロナウイルス感染症対策本部を設置して、「対策要綱」を定めた。その内容を読んでみても、当然のことばかりで、検温して自身の体調を管理すること、マスクをすること、消毒液を用意して、消毒を行うこと、ソーシャルディスタンスをとることなどで、どこかおっかなびっくりのままの要綱だった。その後、感染拡大防止のために、七、八、九月がオール七車で九レース制のレースを行うことになった。さらにあっせんについても、移動を最小限にするために、開催競輪場の所在都道府県と近隣の選手を中心とするものとした。ただし、特別競輪については、全国交流とした。

青木は、レースについても「それはそれで面白い。選手も一生懸命走るから、荒れる。それはそれで面白いんだよ」と、青木の競輪好きがここでも顔を出す。

「今の競輪は東と西は走り方が違うから、荒れちゃうよ。東はどっちかというと、お助けがあるよ。西はないから。シビアだから。たまにはいいんじゃない。つまんないというのは、車券が当たらないからつまんないっていうんだよ。当たれば、面白いっていうんだよ。俺はあまり気にしないなあ。お客さんがいないことについても、選手は、ミッドナイトを無観衆で走ったりしているんだから。あんまり気にならない。選手も、昔とは違って、がつがつやらないよ。そんなに変わらないって」

変わっていたのは、青木はマスクにさらにフェイスシールドを付けて、お客さんに対応していたことだった。まさに時代の最先端をいっていた。

「貰ったから、やっているんだ」と、少し照れながらも、それでも青木はフェイスシールド越しに、モニターのレースを見ていた。

場内の食堂も、食堂の内部での飲食はできずに、すべてがテイクアウト方式になっていた。食堂のなかで、モニターで競輪中継を見ながら食事を食べたりお酒を飲んだりすることはまだできない。それでもお客さんは嬉しそうに、競輪場で競輪を楽しんでいた。そこに漂っている時間は、まったく新型コロナウイルスの騒動の長い空白を感じさせないものだった。

青木の予想はいつもと同じように、良いところを突いていて、自信を持って、お客さんにアドバイスをしていた。それでも予想は売れないが、お客さんが車券を取るとご祝儀が青木のところに届いた。

「きょうはたまたま、プロの俺の予想が当たった。俺の勘が悪いときもあるわけじゃない。そうしたときには、みんな自分の予想でも買う。それが当たったほうが嬉しいんだ。でも素直に信じている人のほうが大儲けできるんだよ」と、青木の予想が当たっての喜びよりも、自身の予想での当たりのほうがご祝儀が多いと笑う。

競輪ファンは、少し不自由な競輪場でも、これまでと同じように、十分に競輪を楽しんでいた。

5　予想屋青木利光に最後に訊いたこと

「(青木)利光さんにとって、競輪って何ですか?」と、最後に青木利光に質問した。

予想屋が天職の青木だ。プロの競輪予想屋として、その言葉は興味深い。

「何なんだろうな。そういう質問をされると、何て答えればいいのかなあ。六十五歳で、人生の三分の二を競輪に関わっているから、まあ、楽しいかな。見てて楽しい。予想してて楽しい。競輪一筋だから。熱出しても、来るから。この頃はもう無理はしないけど、楽しいのひと言だろうなあ。競輪にかわるものはないね。競輪も楽しいし、予想するのも楽しいんだよ。お客さんが聞いてくるのに、答えるのも楽しい。怒られようが何しようが。すべてが楽しい。車券を買わないから、ストレスがない。車券を買ってたら、ストレスはあるよ。もしも、車券を買うようになったら、こういう予想はできないんじゃないかと思うよ。家族もね、それに関しては一切、触れないから。これまでお客さんや、周りの人たちに恵まれていたんだよ。そういう星の下に生まれたんだな」

楽しい、という言葉が予想屋、青木利光の競輪に対するすべてだった。その言葉が競輪のすべてを表現しているようでもあった。

（敬称略）

おわりに

初めて競輪場に行ったのは、いつのことだっただろうか。

高校生の終わりころ、夏休みの予備校の夏期講習のときか。今でも覚えているのは、芥川賞を村上龍が『限りなく透明に近いブルー』で受賞して、世間が大騒ぎして、私自身もそれまで手にしたことのない、「文藝春秋」を買って読んだことだった。たぶん、かつての小倉競輪場だったのだろう。きっとまだ、窓口でしかその車券を売っていなかった時代で、本命の車券の売り場の窓口の前には長い列が続いていた。自分ひとりでは行っていない。だれかに連れられて行ったのだろう。その競輪場の猥雑《わいざつ》さを若い自分はどう見ていたのだろうか。悪ぶって、そうした場所に出入りしたかったのかもしれない。当然、お金を持っているわけではない。わずかの金額の車券を握りしめていたのだろう。それでも、まだ幼い自分は場違いな鉄火場の雰囲気を味わっていたのだろう。最初から自分で競輪の予想が出来たとは到底思えない。競輪の何も分からず、楽しんでいたとは思えない。まさか、そのときには、あとになって、競輪の本を書くことさえ、これっぽっちも思っていなかっただろう。そんなことは考えもしなかっただろう。

今はもうない北九州市門司区の門司競輪場のスタンドに座って、大型船がゆっくりと通る関門海峡の海を眺《なが》めていたときもそうだ。車券よりも、レースよりも、何よりもそうした眺めのことを覚えている。あれからもう四十年以上が経っている。

一番競輪場に通ったのは、やはり競輪の本を書くために、今はもうない横浜市鶴見区にあった花月園競輪場かもしれない。桜の季節になると、花月園競輪場の前の坂道に続く桜並木を思い出す。山がすべて桜で覆われているように見えた。帰りは、桜が散るように、外れ車券が飛び散ることになる。

桜でいえば、川崎競輪場の周辺もその季節になると桜が綺麗《きれい》だ。川崎競輪場の記念競輪は桜花賞と、そのものだ。だいたいどこの競輪場にも桜の木がある。勝っても負けても、この桜を見て帰ることになる。競輪場の桜は、綺麗に咲き誇る。だから、そうした季節にも、「自分の車券もこの桜のように散った」と、つぶやきながら、帰ることになる。

西武園競輪場の周辺にも、桜は多い。新興住宅地に、桜はその姿を美しく見せてくれる。日頃は意識しないのに、春の桜の季節には、咲き誇る姿を意識するようになる。

「ここにも桜があったのか」と。

京王閣競輪場のスタンドから見る富士山も捨てがたかった。平塚競輪場の真ん中の池の蓮の花が午前中の早い時間に静かに咲き誇っている風景も好きだ。日本全国のそれぞれの競輪場は、それぞれの風景を見せてくれる。車券を取ったときのことも覚えているが、そうした風景のほうが不思議と印象に残っている。

どうして競輪が好きなのか。自分で予想をして、それを自分の責任でやれるからだ。それはいつも思う。そこは宝くじとはまったく違う。だから宝くじはこれまで一度も買ったことがない。自分の性格でもある。

このことも書いておきたい。

あるとき、私もずっと取材をしていた日本競輪学校が、日本競輪選手養成所と名称を変更するという報道を目にした。時代とともに、社会が変化して、トレーニングの内容も当然変ってきた。さらに開かれた、競輪選手養成機関として、カリキュラムも変えることになり、外部の有識者会議に諮問《しもん》することで、新カリキュラムを作成して、それを機会に、学校の名前まで、変えた。競輪学校という名前で地元の伊豆をはじめとして、馴染《なじ》んだ名称が変った。選手を育てるためのカリキュラムの変更は当然あって良い。しかし、ここに入学した生徒がすべて一流の選手になるわけではない。当然、誰もがトップ選手になり、お金を稼ぎたいと思う。どこかで自分の実力に気付いて、自分の役割を知ることにもなる。それは競輪の世界だけでなく、一般の企業、社会でも同じだ。

もしも、私自身がそうした諮問機関の一員だったら、最後まで、名称の変更には強く反対しただろう。競輪学校で何が悪いのかと。それよりも、その名前を残すためにはどうすればいいかと主張しただろう。彼ら、彼女たちを育てるのは、養成所ではない。教師だ。先生だろう。人間を育てるのは、両親であり、教育者だ。大切なのは、人間教育だ。名称変更には正直、がっかりした。どこかの組織を真似することなく、競輪だけは競輪学校でいつまでも通して欲しかった。今でも元に戻してほしいくらいだ。ただ早く走るためだけに、そうした場所があるのなら、機械に走らせれば良い。人間が走るから競輪は面白いのだ。だから、私は競輪に惚《ほ》れた。そのことも、どうしてもここに書き残しておきたかった。これまで、好き嫌いを言いたくない場面も数多くあったが、この年齢になって、もう周囲を気にすることなく、はっきりと厭なことは厭、嫌いなことは嫌いと言っていいのではないだろうか。なので、ここに書き残しておく。

わたしが競輪場に通い始めてすでに四十年以上が経過していたのか。自分の人生と競輪を重ね合わせると、もう最終の四コーナーを必死の形相で、もがいているのかもしれない。そこで思い出すのは、競輪を通じて知り合った多くの人たちのことだ。この本では名前を出さなかった人たちのことだ。その人たちがいたから、競輪がもっと好きになったのかもしれない。その人たちの人間ドラマも私には魅力のひとつだった。

「人間が走るから競輪」であり、また、それを支えている熱い人たちがいるから、競輪だった。

落語家、立川談志師匠を一度だけ、競輪場に連れていったことがある。談志師匠の知人だった、作家、阿佐田哲也氏の名前の冠レースだったが、それほど興味を持つことはなかった。チンチロリンや花札は好きだったが、どちらかというと賭け事に興味があるというよりも、自分が勝つことが好きな人だった。

これまで競輪の本を四冊上梓した。もう競輪の本を出すことはないだろうと思っていた。勤務していた新聞社を定年になったときに、これまで書いた本が二十冊以上になっていた。いつの間にかそれだけの数になっていた。そのうちの四冊の競輪の本の表紙を見ながら、かつて右も左も分からず、山ほどの資料を読みながら、初めて競輪の本を書いたときのことを思いだしていた。どうして新聞記者になったのか、どうして本を書きたかったのか。人間のドラマを書きたかった。「人間が走るから競輪」だった。そこでは多くの人たちに世話になった。その人たちの顔を思い浮かべながら、何か恩返しが出来ないかなと考えて、もう一冊、最後に競輪の本を書こうと思った。それが恩返しだった。そうしたことしか自分には出来ない。あまりにも出会った多くの人の恩が多すぎた。

競輪七十年の歴史を書くには、どうしたら良いのか、ずっと考え続けていた。予想屋さんの青木利光さん親子の歴史を書けば、競輪七十年の歴史になり、歴史の証言者になることに気付いたときには、嬉しかった。それを縦糸にして、横糸には、これまでに取材をした人たちのことを紡《つむ》いだらどうだろうかと考えた。

新聞社を定年にはなったが、まだ会社に残り新聞記者を続けながら、取材をしては原稿を書き続けた。だから原稿は遅々として進まなかった。それは言い訳だ。

そうしてまた多くの人たちのお世話になった。ここに深い感謝の言葉とともに、お礼を申し上げます。

【著者】
松垣透
…まつがき・とおる…
1958年7月22日生れ。大分県中津市出身。大学卒業後、産経新聞社入社。現在「夕刊フジ」記者。著書多数。

Sairyusha

親子二代予想屋《おやこにだいよそうや》
二〇二〇年八月三十日　初版第一刷

著者——松垣透
発行者——河野和憲
発行所——株式会社 彩流社
〒101-0051
東京都千代田区神田神保町3-10大行ビル6階
電話：03-3234-5931
ファックス：03-3234-5932
E-mail：sairyusha@sairyusha.co.jp
印刷——明和印刷(株)
製本——(株)村上製本所
装丁——中山銀士(協力=杉山健慈)

ISBN978-4-7791-2692-5 C0076
http://www.sairyusha.co.jp